CAMBRIDGE LIBRARY COLLECTION

Books of enduring scholarly value

Travel, Middle East and Asia Minor

This collection of travel narratives, primarily from the nineteenth century, describing the topography, antiquities and inhabitants of the Middle East, from Turkey, Kurdistan and Persia to Mesopotamia, Syria, Jerusalem, Sinai, Egypt and Arabia. While some travellers came to study Christian sites and manuscripts, others were fascinated by Islamic culture and still others by the remains of ancient civilizations. Among the authors are several daring female explorers.

Ludolphi de itinere terrae sanctae liber

Beyond the fact that he made a journey to the Holy Land between 1336 and 1341, very little is known about Ludolf von Suchem (whose first name may in fact have been Rudolf). However, his work has long been regarded as a major source of information about the eastern Mediterranean in the fourteenth century, owing to its high level of detail. Ludolf states his intention to describe the region, its buildings, towns, fortified places, people, customs, stories and legends, drawing on both his own observations, and on information from the 'kings, princes, nobles and lords' with whom he spent days and nights in conversation. Some stories are clearly travellers' tales, but others, like his account of the fall of Acre (1291), based on reports by eye-witnesses, are both full and convincing. This edition of the Latin text was published in 1851, with German annotation, by Ferdinand Deycks (1802–67).

T0345386

Cambridge University Press has long been a pioneer in the reissuing of out-of-print titles from its own backlist, producing digital reprints of books that are still sought after by scholars and students but could not be reprinted economically using traditional technology. The Cambridge Library Collection extends this activity to a wider range of books which are still of importance to researchers and professionals, either for the source material they contain, or as landmarks in the history of their academic discipline.

Drawing from the world-renowned collections in the Cambridge University Library and other partner libraries, and guided by the advice of experts in each subject area, Cambridge University Press is using state-of-the-art scanning machines in its own Printing House to capture the content of each book selected for inclusion. The files are processed to give a consistently clear, crisp image, and the books finished to the high quality standard for which the Press is recognised around the world. The latest print-on-demand technology ensures that the books will remain available indefinitely, and that orders for single or multiple copies can quickly be supplied.

The Cambridge Library Collection brings back to life books of enduring scholarly value (including out-of-copyright works originally issued by other publishers) across a wide range of disciplines in the humanities and social sciences and in science and technology.

Ludolphi de itinere terrae sanctae liber

Nach alten Handschriften berichtigt

Ludolf von Suchem
Edited by Ferdinand Deycks

CAMBRIDGE
UNIVERSITY PRESS

CAMBRIDGE UNIVERSITY PRESS

Cambridge, New York, Melbourne, Madrid, Cape Town,
Singapore, São Paolo, Delhi, Mexico City

Published in the United States of America by Cambridge University Press, New York

www.cambridge.org
Information on this title: www.cambridge.org/9781108043311

© in this compilation Cambridge University Press 2012

This edition first published 1851
This digitally printed version 2012

ISBN 978-1-108-04331-1 Paperback

BIBLIOTHEK

DES

LITTERARISCHEN VEREINS

IN STUTTGART.

XXV.

STUTTGART.

GEDRUCKT AUF KOSTEN DES LITTERARISCHEN VEREINS.

1851.

Inhalt des fünfundzwanzigsten bandes.

RECHENSCHAFTSBERICHT

ÜBER DAS

FÜNFTE VERWALTUNGSJAHR

(1849 UND 1850)

DES

LITTERARISCHEN VEREINS

IN

STUTTGART.

STUTTGART.

GEDRUCKT AUF KOSTEN DES LITTERARISCHEN VEREINS.

1851.

Tübingen, gedruckt bei L. Fr. Fues.

Indem ich den verehrlichen mitgliedern des vereins über die verwaltung des fünften jahrgangs (1849 und 1850) nachricht ertheile, habe ich vor allem der huldvollen und kräftigen unterstützung rühmend und dankbar erwähnung zu thun, welche seine majestät DER KÖNIG, der allerdurchlauchtigste protector des litterarischen vereins, demselben fortwährend angedeihen zu laßen geruht.

In der form der verwaltung machte sich gegen das ende der vierten periode eine veränderung nothwendig. Von dem ursprünglichen aus zehn mitglieder bestehenden ausschuße ist herr professor dr Gfrörer, welcher mit herrn dr Menzel den ersten anstoß zur gründung des vereins gegeben hatte, seit seiner übersiedlung nach Freiburg zugleich aus dem vereine geschieden; drei andere mitglieder, die herren geheimer legationsrath dr von Kölle, präsident dr von Scheurlen und professor Schott sind mit tode abgegangen. Die nothwendigkeit einer vereinfachung des geschäftsgangs hatte sich längst fühlbar gemacht. Nach erfolgtem abschluße des vierten jahrgangs, mitte 1849, gieng daher die eigentliche verwaltung an einen engeren ausschuß unter der bezeichnung geschäftsführender vorstand über, dem ausschuße blieb nur die entscheidung über die abzudruckenden schriften vorbehalten.

Die oberste leitung der verwaltung übernahm, nachdem der bisherige verdiente vereinspräsident herr director von Lehr dieser arbeit überhoben zu sein wünschte, ich der unterzeichnete, die geschäfte des secretärs herr privatdocent dr Holland, die kasse herr reallehrer Huzel, die buchhändlerischen angelegenheiten herr buchhändler F. Fues dahier.

Dem ausschuße gehörten während der fünften periode an die herren kämmerer G. Cotta freiherr von Cottendorf in Stuttgart, professor dr Diez in Bonn, professor dr Fallati in Tübingen, hofrath dr Grimm in Berlin, archivrath dr E. von Kausler in

Stuttgart, bibliothekar dr K l ü p f e l in Tübingen, director von L e h r
und dr M e n z e l in Stuttgart, professor dr M i c h e l a n t in Rennes,
professor dr P f e i f f e r in Stuttgart, oberbibliothekar dr F.
freiherr von R e i f f e n b e r g in Brüssel, professor dr S c h m e l l e r in München, oberstudienrath dr C. von S t ä l i n in Stuttgart, professor dr
W a c k e r n a g e l in Basel, kanzler dr G. von W ä c h t e r in Tübingen, bibliothekar dr W o l f in Wien.

Die reihen des nach dem zweiten verwaltungsjahre (1843 und
1844) gegebenen mitgliederverzeichnisses haben sich namentlich in
zusammenhang mit den politischen ereignissen von 1848 in bedauerlicher weise gelichtet. Doch sind seither auch neue mitglieder eingetreten, deren verzeichnis ich in der ersten beilage folgen laße.

Um über die hauptgrundsätze und gesichtspuncte der verwaltung keinen zweifel übrig zu laßen, schien es erforderlich, die wichtigsten puncte bestimmt zu formulieren. Sie sind als zweite beilage
mitgetheilt.

Durch die gröste vereinfachung des haushalts und gewißenhafte
sparsamkeit ist es trotz der abnahme der mitgliederzahl möglich
geworden, im fünften verwaltungsjahr 6 mehr oder minder umfangreiche herausgaben an die verehrlichen mitglieder zu versenden. Eine
siebente, deren druck leider sich sehr verzögert hat, ist heute bis
zum 17ten bogen fortgeschritten und wird, wie ich hoffe, im nächsten monat nachgeliefert werden können.

Die rechnung über die fünfte verwaltungsperiode ist in den gesetzlichen formen abgefaßt und abgeschloßen und steht die ansicht bei dem kassier jedem mitgliede zu jeder geeigneten stunde
offen. Eine übersicht ist in der dritten beilage gegeben. Der am
jahresschluß vorhandene kassenbestand von 1343 fl. 5 kr. ist zu
nachlieferung mehrerer publicationen an die actionäre der fünften
periode verwendet worden. Mit dem 24sten bande ist die einnahme
des fünften verwaltungsjahrs aufgebraucht und wird den nachweis
über den verbrauch im einzelnen die rechnung des sechsten jahrgangs enthalten.

Für das sechste verwaltungsjahr sind 4 umfangreiche werke
unter der presse und der druck so weit vorgeschritten, daß die
versendung noch im laufe des winters wird erfolgen können.

Schließlich erlaube ich mir wiederholt an alle, welche in der
lage sind, die zwecke des vereins zu fördern, insbesondere an alle

kenner und verehrer älterer deutscher geschichte und litteratur die angelegentlichste einladung zu richten, den verein durch ihren beitritt zu unterstützen und ihre wünsche und vorschläge in beziehung auf die herauszugebenden werke zur kenntnis des geschäftführenden vorstandes zu bringen.

Tübingen, 25 october 1851.

Dr Adelbert Keller.

BEILAGEN.

I.

NEU EINGETRETENE MITGLIEDER
SEIT 1844.

Seine majestät der könig von Hannover.

Seine hoheit Karl fürst von Hohenzollern Sigmaringen.

Seine durchlaucht Felix prinz von Hohenlohe Oehringen.

Seine durchlaucht der fürst von Liechtenstein.

Seine durchlaucht der fürst von Wallerstein.

*

Herr von Arnswald, legationsrath in Hannover.

Herzogliche bibliothek in Altenburg.

Hofbibliothek in Aschaffenburg.

Bibliothek des Joachimsthaler gymnasiums in Berlin.

Universitätsbibliothek in Breslau.

Königliche bibliothek in Brüssel.

Kurfürstliche landesbibliothek in Kassel.

Landesbibliothek in Düsseldorf.

Gymnasiumsbibliothek in Ehingen.

Gymnasiumsbibliothek in Eisenach.

Stiftsbibliothek in st Gallen.

Universitätsbibliothek in Halle.

Königliche öffentliche bibliothek in Hannover.

Societätsbibliothek in Hannover.

Universitätsbibliothek in Heidelberg.

Universitätsbibliothek in Jena.

Bibliothek des chorherrnstifts in kloster Neuburg bei Wien.

Stadtbibliothek in Königsberg.

Universitätsbibliothek in Marburg.

Nationalbibliothek in Paris.
Stiftsbibliothek in Rheinau bei Schaffhausen.
Gymnasiumsbibliothek in Rotweil.
Großherzoglich meklenburgische regierungsbibliothek in Schwerin.
Kaiserlich königliche hofbibliothek in Wien.
Universitätsbibliothek in Würzburg.
Bibliothek des Francisceums in Zerbst.
Herr Bonnier, buchhändler iu Stockholm.
„ vizgraf von Carreira, gouverneur der königlichen prinzen in Lissabon.
„ Chmel, vorstand des k. k. hausarchivs in Wien, ehrenmitglied.
„ Deubner, buchhändler in Riga, mit 2 actien.
„ dr Ignaz Döllinger, professor der theologie und stiftsprobst in München.
„ Georg Dörtenbach, kaufmann in Calw.
„ E. Dorer Egloff in Baden, Schweiz.
„ Dümmler, buchhändler in Berlin.
„ Durand de Lançon in Paris.
„ Fallenstein, geheimer finanzrath in Handschuchsheim.
„ Frank, buchhändler in Paris.
Die outheidkundig gezelschap in Utrecht.
Herr dr Karl Gödeke in Hannover.
„ Ch. Grandgagnage in Lüttich.
„ Hahn, hofbuchhändler in Hannover.
„ Haslinger, buchhändler in Linz.
„ Ludwig Heimbürger in Plötzkau bei Bernburg.
Lady Howard de Walden in Brüssel.
Herr von Kleinmayr, buchhändler in Laibach.
„ dr Klüpfel, bibliothekar in Tübingen.
„ dr Koberstein, professor in Pforte.
„ dr Koch, geheimer regierungsrath und bibliothekar in Wiesbaden.
„ Heinrich Laupp, buchdruckereibesitzer in Tübingen.
„ dr Lentner in Meran.
Herren A. Liesching und comp., buchhändler in Stuttgart.
Herr Lucas, buchhändler in Mitau.

Herr Edélestand du Méril in Paris.

„ A. G. F. Meyer, oberjustizrath in Hannover.

„ dr Michelant, professor in. Paris, ehrenmitglied.

„ professor dr J. von Mohl, mitglied des instituts in Paris.

„ dr Müllenhoff, professor in Kiel.

„ Plahn, buchhändler in Berlin.

„ dr Rudelbach, professor in Stägelse in Dänemark.

„ dr Sauppe, hofrath und director des gymnasiums in Weimar.

„ Schneider und comp., buchhändler in Berlin.

„ Schönhuth, pfarrer in Wachbach.

„ dr L. Schulze in Aschersleben.

Frau dr Sick in Stuttgart.

Herr professor dr Simrock in Bonn.

„ von Sydow, k. preußischer kammerherr und geheimer legationsrath.

Herren Tendler und comp., buchhändler in Wien, mit 4 actien.

Der historische verein für Schwaben und Neuburg in Augsburg.

Der historische verein in Münster.

Herr dr Wackernagel, professor in Basel.

„ Walther Kuntze, hofbuchhändler in Dresden, mit 2 actien.

„ dr Weiss, privatdocent in Freiburg.

„ dr Weizel in Genf.

„ von Werlhof, kanzleidirektor in Hannover.

II.

STATUTEN.

1. Zweck des litterarischen vereines ist die herausgabe alter werthvoller werke (sei es nach handschriften, sei es nach seltenen drucken) aus dem gebiete der geschichte und litteratur Deutschlands und der damit in näherer beziehung stehenden länder und völker.

2. Der eintritt in den verein erfolgt durch anmeldung bei dem präsidenten.

3. Jedes mitglied hat zu anfang jedes jahres einen beitrag von elf gulden rheinisch (6 thlrn 9 sgr. preuß.) zu entrichten und erhält dafür ein exemplar der im laufe des jahres von dem vereine herausgegebenen werke. Mehrere actien berechtigen zu mehreren exemplaren. Sollte in einem jahre keine publication erscheinen, so gelten die einlagen zugleich für das folgende jahr.

Wer 5 actien zeichnet und die beiträge dafür portofrei unmittelbar und ohne abzug dem kassier übermacht, erhält 6 exemplare der vereinspublicationen, bei 10 actien 12 exemplare, bei 20 actien 25 exemplare.

Alle beiträge müßen pränumeriert werden: gegen nachnahme des beitrags wird nicht versendet. Später einzahlende können bei der vertheilung der bücher in der regel keine berücksichtigung erwarten, da von einer publication nicht mehr exemplare gedruckt werden, als beiträge wirklich beim kassier eingelaufen sind.

Der austritt aus dem verein ist dem präsidenten anzuzeigen: erfolgt die anzeige nicht vor dem 1 febr. des neuen verwaltungsjahrs, so kann der austritt erst mit dem folgenden geschehen und ist der beitrag für das laufende noch zu entrichten.

Die zusendung der beiträge wird je im januar durch sichere vermittelung oder unfrankiert durch die post erbeten, sei es baar oder in guten anweisungen auf Tübingen, Stuttgart, Frankfurt oder Leipzig, für letzteren platz in preußischen thalern berechnet.

Bei zusendung in papiergeld wird der etwaige überschuß dem übersender für den nächsten jahrgang gutgeschrieben.

Auf verlangen sendet der kassier eine quittung.

Die mitglieder werden ersucht, dem kassier den weg zu bezeichnen, auf welchem sie die publicationen zu erhalten wünschen.

4. Die schriften des litterarischen vereines werden nicht in den buchhandel gegeben. Die zahl der veranstalteten abdrücke richtet sich nach der zahl der mitglieder.

Buchhändlern, welche die zusendung einzelner pränumerationen vermitteln, wird eine provision von 10 vom hundert bewilligt.

Frühere publicationen werden nur jahrgangweise gegen vorausbezahlung von 11 gulden rheinisch (6 thlrn 9 sgr. preuß.) für den jahrgang an neueintretende mitglieder abgegeben. Vollständige jahrgänge werden nicht getrennt.

Eine einzelne publication kostet 11 gulden (6 thlr 9 sgr. preuß.).

5. Die geschäfte des litterarischen vereines werden von einem präsidenten, einem secretär und einem kassier, welcher letztere jährlich einmal öffentlich rechnung ablegt, geleitet.

Präsident, secretär und kassier bilden den geschäftführenden vorstand des vereins.

Der ersten publication jedes jahrgangs wird ein rechenschaftsbericht beigegeben.

6. Über die wahl der abzudruckenden schriften entscheidet in verbindung mit dem geschäftführenden vorstande ein ausschuß von 12 vereinsmitgliedern.

Der ausschuß wird alle jahre neu gewählt. Jedes mitglied, das sich an der wahl betheiligen will, hat zu diesem zwecke vor dem ersten januar einen stimmzettel portofrei an den präsidenten zu senden.

III.
RECHNUNGSÜBERSICHT.

Die einnahmen und ausgaben des litterarischen vereins
haben betragen in der

5ten verwaltungsperiode vom 1 juni 1849 bis 31 december 1850:

Einnahmen.

	fl.	*kr.*
A) Reste.		
I. Rechners kassenbestand am schluße der vierten periode	9	13
II. Activausstände	138	30
III. Ersatzposten	—	—
IV. Für vom lager verwerthete alte vorräthe .	200	29
V. Vorschüße der vorigen rechnungsperiode .	209	39
B) Laufendes.		
I. Actienbeiträge	3630	—
II. Zinse aus zeitlichen anlehen	47	47
III. Rückzahlungen (ersatzposten)	11	27
IV. Auf anweisung bezahlt	101	29
C) Vorempfang an beiträgen auf die sechste periode	27	26
Summe der einnahmen:	4376	—

Ausgaben.

	fl.	*kr.*
A) Reste.		
I. Rückstände von der frühern periode . .	32	41
B) Laufendes.		
I. Allgemeine verwaltungskosten	607	58
(dabei gehalte des secretärs mit 117 fl. 22 kr., des kassiers mit 157 fl. 36 kr. und des aufwärters mit 25 fl. 48 kr.)		
II. Auf die herausgabe von vereinsschriften insbesondere:		
1. Honorare an gelehrte und künstler . .	935	25
2. Für druck- und umschlagpapier . . .	380	3
3. Druckkosten	723	12
4. Buchbinderkosten	33	46
5. Frachten	73	55
6. Provision an buchhändler	143	—
III. Abgang (verlust an norddeutschen münzen)	1	26
IV. Im ausstand (an den in einnahme vorkommenden actienbeiträgen)	132	—
V. Auf anweisung bezahlt	101	29
Summe der ausgaben:	3164	55

Sonach kassenbestand auf 31 december 1850 . 1211 fl. 5 kr.

Die activen des vereins bestehen außer dem kassenbestand in

a) ausständen und ersatzposten aus früheren perio-
den 473 fl. 35 kr., wovon aber voraussichtlich
noch beizutreiben ist . . . . 0 — 0 —

b) ausständige actienbeiträge aus der fünften periode 132 —

1343 fl. 5 kr.

Passiven sind vorhanden 0
Rest active . . . . 1343 fl. 5 kr.

Zahl der actionäre in der fünften periode 312 mit 353 actien.

Zur beurkundung

der kassier des litterarischen vereins
H u z e l.

Die richtigkeit der rechnung bezeugt

der rechnungsrevident
oberjustizrevisor P f e i l s t i c k e r.

Tübingen, 4 october 1851.

LUDOLPHI,

RECTORIS ECCLESIÆ PAROCHIALIS IN SUCHEM,

DE

ITINERE TERRÆ SANCTÆ

LIBER.

NACH ALTEN HANDSCHRIFTEN BERICHTIGT

HERAUSGEGEBEN

VON

DR FERDINAND DEYCKS,

ORDENTL. PROFESSOR AN DER KÖNIGLICHEN AKADEMIE ZU MÜNSTER.

STUTTGART.

GEDRUCKT AUF KOSTEN DES LITTERARISCHEN VEREINS.

1851.

Tübingen, gedruckt bei L. Fr. Fues.

VORREDE.

Wer Ludolf, der Verfaßer vorliegenden Reisebuchs nach dem heiligen Lande, gewesen, ist nicht leicht, zu sagen. In der Zueignung desselben nennt er selbst sich »rector ecclesiæ parochialis in Suchem paderbornensis diœcesis«, deren Lage und Ort ein Räthsel ist, und begrüßt den Bischof von Paderborn, Balduin von Steinfurt, der von 1340 bis 1361 herrschte, als „seinen gnädigen Herrn." Am Schluß fügt er hinzu, daß er sein Buch „nach Anleitung und aus Hochachtung" desselben unternommen und zu Stande gebracht. Hieraus ist ein näheres Verhältnis zu Bischof Balduin deutlich zu erkennen. Ob derselbe an der Abfaßung der Schrift vielleicht Antheil nahm, ob er zu den „Herren und Edlen" gehörte, deren Umgang Ludolf während eines fünfjährigen Aufenthaltes im Morgenlande genoß, läßt sich bloß vermuthen. Es war vom Jahre 1336 bis 1341. Irrig glaubte man bis dahin, Ludolf sei zum zweiten Male im Jahre 1350 im Oriente gewesen; ein Irrthum, den ich selbst, durch die falschen Zahlen in dem alten Drucke des Itinerariums und in Feyerabendts Reyßbuch verleitet, verbreiten helfen in meiner Schrift: Über ältere Pilgerfahrten nach Jerusalem, mit besonderer Rücksicht auf Ludolfs von Suchen Reisebuch des heiligen Landes. Münster, 1848. 8. S. 9 f. Nun zeigt die Einsicht der Handschriften das Richtige. Ludolf kehrte 1341 zurück, und bestand dabei zweimal große Gefahr zur See. Er führt gern an, wer „zu seinen Zeiten" hier oder dort geherrscht u. s. w. Alle diese Angaben passen zu der angegebenen Zeit. Kurz vor dem Schluß seines Buches (bei Damas-

*kus) gedenkt er der Judenverfolgung in Deutschland, die bekannt-
lich in die Jahre 1348 und 1349 fällt, als eines neuern Ereignis-
ses. Hieraus geht hervor, daß um 1350 das Reisebuch Ludolfs
abgefaßt wurde. Selbst der Name Ludolfs ist nicht unberührt
geblieben vom Zweifel. Die deutsche Übersetzung des feyerabendt-
ischen Reyßbuchs nennt ihn „Rudolph Kirchherr zu Suchen in
Westphalen", woraus bei dem belgischen Gelehrten Schayes sogar
ein „Rodolph Kirchers von Zuchen" wird. Auffallender ist, daß
die zu Augsburg bei Zainer 1477 gedruckte hochdeutsche Übersetzung Ludolfs ihn sowohl in der Überschrift, als in der Zueignung Petrus nennt, was sich in der neuen Ausgabe dieser Übersetzung, welche Sir Thomas Phillipps zu Middlehill in England
(1844) theilweise (aus einer Handschrift) erscheinen ließ, wie-
derfindet. Gegen das Ansehen der Handschriften des lateinischen
Textes, welche ich zu gegenwärtiger Ausgabe benutzte, ist dieß
jedoch von keinem Belang. Sie haben bloß den Namen Ludolf.*

*Über allen Zweifel erhaben ist der Werth, die Wichtigkeit
dieses Reisebuchs für die Geographie des Mittelalters. Robinson
(Palästina I. S. XXIII) sagt: „Es ist mit großer Einfachheit
geschrieben und hat einen Anstrich von Wunderbarem, aber es
ist entschieden das beste Itinerarium des 14. Jahrhunderts." Karl
Ritter (Erdkunde von Asien, VIII. Band, 2. Abth. S. 45 f.) be-
stätigt dieses Urtheil durch sein gewichtiges Wort. Um so mehr
war eine genauere Kenntnis der ältesten und ursprünglichen Form
dieser Schrift, des lateinischen Urtextes, Bedürfnis. Es gibt von
diesem einen sehr alten Druck, der zu den grösten Seltenheiten
gehört. Helmschrott (Verzeichnis alter Druckdenkmale. Ulm, 1790.,
4.) I. 208 und II. 64 bezeichnet denselben als einen Straßburger,
der bald darauf durch denselben Heinrich Eggestein, der den ersten besorgt, nochmals, in ganzen Columnen, wiederholt worden.
Panzer (Annalen der ältern deutschen Litteratur, Nürnberg 1788,
4.) S. 101 sagt: Ludolfs Werk sei bald nach Erfindung der Buch-
druckerkunst sowohl lateinisch, als deutsch, erschienen, und es*

sei ungewis, ob es von dem Verfaßer lateinisch oder deutsch geschrieben worden. Das Lateinische sei noch vor 1470 gedruckt. Derselbe Panzer führt alsdann in den Annal. Typograph. Tom. *I. S. 84. N. 446 und 447 eine erste und zweite eggesteinische Ausgabe, nach Helmschrott, an, und die neuern, wie Ebert (Bibliogr. Lexicon N. 12489 und 12490) und Hayn (Repert. S. 272. N. 10307) sind ihm darin gefolgt. Nur daß Robinson (Palästina I. XXIII) die lateinische Ausgabe anders, und zwar: „*Venet. *ohne Jahrzahl 4to" bezeichnet. Ich finde jedoch nirgends weiter eine Spur von dieser renetianischen Ausgabe. Könnte nicht die Stelle des J. A. Fabricius* (Biblioth. mediæ et infimæ latinitatis, *Hamburg, 1735.* 8. Vol. *IV. p. 848), welche den Ludolf bespricht, zu einer falschen Annahme veranlaßt haben? Hier sind des Fabricius Worte: »*Ludolphus de Suchem, Suchensis ecclesiæ parochus, sive parochiæ rector, ad Balduinum episcopum Paderbornensem anno 1336 scripsit librum de terra sancta et itinere suo hyerosolymitano mirabilibusque in illo per quinquennium conspectis. Prodiit sub typographiæ initia ac deinde cum scriptis eiusdem argumenti Io. Mandevillii et Marci Pauli Veneti.« *Nichts weiter. Es scheint, der Veneter Marco Polo hat die Idee einer Venetianer Ausgabe ins Daseyn gerufen. Gäbe es eine solche, so gehörte sie freilich zu den ersten Seltenheiten. Vor der Hand jedoch werden wir uns mit dem Straßburger Drucke (wenn Helmschrott und Panzer richtig gesehen haben) begnügen müßen. Eine Wiederholung desselben ist öfter gewünscht worden. Leider ist er durch eine Menge von Druck- und andern Fehlern bis zur Unverständlichkeit entstellt.*

Handschriften des lateinischen Textes von Ludolfs Reisebuch sind in deutschen Bibliotheken nicht allzu häufig. Die königliche Bibliothek zu Berlin besitzt zwei, welche durch die Vermittelung ihres Vorstehers, des Herrn geheimen Regierungsrathes und Oberbibliothekars Dr G. H. Pertz, auf das Bereitwilligste mir zum Gebrauche geliehen wurden. Den Straßburger Druck mit denselben

*zu vergleichen und auf diese Weise einen berichtigten Text her-
zustellen, das war jetzt meine Aufgabe. Von den alten Übersetzungen muste dabei gelegentlich Gebrauch gemacht werden.*

*Folgende Hülfsmittel standen mir bei der Bearbeitung Lu-
dolfs zu Gebote, die ich, der Kürze wegen, in den Anmerkungen
mit lateinischen Buchstaben bezeichnet habe.*

A. Codex Berol. mss. Diez. C. f. *60. Papierhandschrift in Folio,
aus der letzten Hälfte des 14. Jahrhunderts, etwa 1380, 33
Blätter und ein halbes, in einer Columne, mit den gewöhnli-
chen Abkürzungen jener Zeit, doch sonst gut und deutlich
geschrieben, und im Ganzen von Fehlern frei, fast immer
den besten, vollständigsten Text, und besonders auch die
sonst so sehr entstellten Eigennamen meist in richtiger Form
darbietend. Mit Hülfe dieser Handschrift ist eine große An-
zahl von Stellen durch mich verbessert worden. Sie hat am
Schluß auf einem leeren Blatte (Fol. 38. b) von alter Hand
(des 16. Jahrhunderts) die Worte:* .. tmari de Helden pa-
storis in wyppuorde *[das zweite* p *durchstrichen]*, datus per
eundem Carthusiensibus in Colonia in vita sua. *Die Stadt Wip-
perfürth im Herzogthum Berg und die Karthäuser zu Köln
zeugen für die niederrheinische Heimath dieses Codex.*

B. Codex Berol. mss. lat. fol. *198. Papierhandschrift in Folio,
aus dem Anfange des 15. Jahrhunderts,* **277** *Blätter, des Jacobus de Vitriaco historia hierosolymitana, Fol. 1 bis 142;
dann von späterer Hand (am Schluß steht das Datum:* anno
1462) *des Pogius* facetiæ*, Bl. 143 bis 168, hierauf wieder
von älterer:* Compendium mirabilium *Bl. 169 bis 216 ent-
haltend, endlich (Bl. 217 bis 267):* Ludolphus viator titulus
huius libelli. *Es ist eine ähnliche oder dieselbe Hand, welche
den Jacob von Vitry und das Compendium geschrieben, derb,
unschön, doch fest, in zwei Columnen, mit zahlreichen Abkürzungen. An Güte und Richtigkeit mit A nicht zu vergleichen, diente diese Handschrift doch zur Bestätigung man-*

cher Verbeßerung des Textes, wie er in dem alten Drucke
sich findet. Sie trägt übrigens auf dem ersten Blatte von
alter Hand (16. Jahrhunderts) die Überschrift: Liber monasterii b. Mariæ virginis in lacu. Das ist Kloster Laach,
nicht weil von Andernach an dem berühmten See. Also ebenfalls vom Rheine.

C. Die alte Ausgabe sine loco et anno, welche nach Helmschrott,
Panzer, Ebert etc. Argentorati apud Henr. Eggestein um
1468 erschien. Es sind 34 ungezählte Blätter, das erste
beginnend mit: Registrum de itinere ad terram sanctam, Bl. 2.
Das R im Anfange der Dedication blau und roth verziert,
die Anfangsbuchstaben der 127 Kapitel roth gemalt, die
Schrift mehr rund, als eckig, in zwei Columnen gedruckt,
ohne Custoden. Bl. 34 b in der 28 Zeile der ersten Columne
der Schluß: Finit feliciter libellus de itinere ad terram sanctam. Ich benutzte das Exemplar, welches die königliche
Landesbibliothek zu Düsseldorf vor einiger Zeit in Xanten
erwarb.

F. Die Übersetzung von Ludolfs Reisebuch in Sigmund Feyerabends Reyßbuch des heyligen Lands, Frankfurt am Main
1584. fol. Blatt 433 bis 454. Sie richtet sich in allem und
jedem nach dem eben beschriebenen alten Drucke. Was dem
Übersetzer nicht deutlich war, das ließ er weg. Somit gibt
diese Übersetzung den wahren Inhalt des alten Werkes
nur höchst unvollkommen wieder.

M. Die angefangene Ausgabe der alten hochdeutschen Übersetzung, welche Sir Thomas Phillips zu Middlehill in England 1844 veranstaltete. Sie reicht jedoch nur bis Kapitel
33 Von der Insel Rodis. Sie ist mit lateinischen Lettern
in gr. 12 gedruckt. Ich verdanke die Mittheilung derselben
der nicht genug zu rühmenden Güte des Herrn geheimen Regierungsrathes Dr Pertz, der sie von dem Herausgeber erhielt.
Ich vermuthe, daß diese Übersetzung mit der zu Augsburg

*bei Zainer (1477) erschienenen wesentlich übereinstimmt.
Sie ist ebenfalls nach dem lateinischen Texte des alten Druckes gemacht, dessen Fehler sie durch zahlreiche Misver-
ständnisse noch vermehrt.*

*S. Der Auszug aus Ludolfs Reisebuch in der niederdeutschen
Sprache des Rheinlandes, welchen die Landesbibliothek zu
Düsseldorf in einer um 1400 entstandenen Handschrift besitzt; ich habe darüber ausführlich berichtet in der oben er-
wähnten Schrift S. 28 bis 61.*

In der Bibliothek zu Wolfenbüttel befindet sich ·(Nr. 41.
Mscr. Blancob. fol.) *eine Handschrift, welche den Titel führt:*
Ludolphi de Suchen Itinerarium in terram sanctam, *23 Blätter mit
gespaltenen Seiten, flüchtig und schlecht geschrieben, in mittel-
niederdeutscher Mundart. Aus derselben hat Herr August Partz
einige Abschnitte bekannt gemacht in dem neuen Jahrbuch der
berlinischen Gesellschaft für deutsche Sprache und Alterthums-
kunde, Band 6. (1844) S. 52 bis 72. Er hält diese Handschrift
für Ludolfs ersten Entwurf seines Werkes, das derselbe, wie
Herrn Partz scheint, erst deutsch, dann lateinisch ausgeführt
habe. Die Möglichkeit des letztern zugegeben, so stehen jenem
Anspruche, der hier für die Wolfenbütteler Handschrift erhoben
wird, doch sehr starke Zweifel entgegen. Erst jetzt, da Ludolfs
lateinischer Text in echter Gestalt vorliegt, wird diese Frage sich
entscheiden laßen.*

*Auf welche Weise ich verfuhr bei der Feststellung des Textes,
wird der Kundige bald wahrnehmen. Führer wurde mir die äl-
teste Handschrift (A), die ich nur dann verließ, wo der Sinn es
durchaus verlangte. Verändert habe ich in eigenen Namen gar
nichts, in andern Worten so wenig als möglich, und nur in einzelnen Formen, die (z. B.* deguerunt, fugierunt) *aller Grammatik
Hohn sprachen. Dagegen blieb die wunderliche teutonisierende
Syntaxis Ludolfs unangerührt. Kürzungen habe ich mir nur
höchst selten erlaubt, so groß oft auch die Versuchung dazu war,*

wo irgend ein Pronomen oder Verbum unnütz wiederkehrte. Abtheilungen oder Kapitel finden sich in den Handschriften nicht, dagegen Randnoten in A. Statt der 127 Abschnitte des alten Druckes habe ich 45, zur bequemern Übersicht, angebracht, und dabei die Randschriften des Codex A möglichst beibehalten. Ich denke, so, oder ähnlich, wie ich es gab, schrieb der alte Ludolf sein Büchlein, das Keiner verschmähen wird, der den Kern einer tieffrommen Gesinnung und eines einfachen oft erhabenen, ja echt dichterischen Gemüthes auch unter der manchmal seltsamen Hülle bunter Sagen und Legenden wiederzufinden versteht, wie sie jene Zeit suchte und liebte.

Münster, Juli 1851.

Deycks.

INCIPIT LIBER LUDOLPHI DE ITINERE TERRAE SANCTAE. [1]

Reverendissimo in Christo patri ac domino, domino suo gratioso Baldewino de Stenvordia, paderbornensis ecclesiæ episcopo, Ludolphus rector ecclesiæ parochialis in Suchem, paderbornensis dioecesis [2], debitam reverentiam et honorem.

Cum multi de partibus ultramarinis, seu de terra sancta ac ipsarum partium statu condicionibusque, ipsas partes semel transeundo, quam plurima referant atque scribant, et ego in istis partibus per quinquennium assidue inter reges et principes, præsules, nobiles ac dominos die noctuque fuerim conversatus, et ipsas partes ultramarinas visitaverim multotiens ac pertransiverim, de ipsarum partium statu, condicionibus, villis, locis, civitatibus, castris, hominibus, moribus, oratoriis et miraculis, et non solum de partibus ultramarinis et ipsarum statu, sed etiam de mirabilibus, quæ a transeuntibus in mari conspiciuntur, ob reverentiam vestræ paternitatis et honorem et ob vestri memoriam, ad solatium plurimorum, nunc de his omnibus prædictis dudum conscribere desideravi, sed variis et diversis præpeditus negotiis adimplere nequiens, scripturarum tamen memoriæ commendans, ea nunc plus

---

1. *So A, wo, statt* Ludolphi, *zuerst* Baldewini *geschrieben stand, das jedoch gleich verbeßert wurde.* B *hat:* Ludolphus viator *titulus huius libelli.* C De terra sancta et itinere iherosolomitano et de statu eius et aliis mirabilibus, quæ in mari conspiciuntur, videlicet mediterraneo. — 2. *Statt* Suchem, *wie A, hat B* Suchē, *CF* Suchen. *Die Worte* paderbornensis diœcesis *fehlen in BCF. Welche Kirche, oder welcher Ort unter dem Namen Suchem zu verstehen sei, ist ungewis. Balduin von Steinfurt war Bischof zu Paderborn von 1340 bis 1361. Vergl.* Schaten. Annal. Paderb. lib. XIII. B. II. S. 213.

1

otio vacans, in statu per omnia, prout ipsas partes ultramarinas et earum statum anno domini MCCCXXXVI inveni, et ipsas partes et earum statum anno domini MCCCXLI [1] reliqui, secundum mei paucitatem intellectus et ingenii ac memoriæ fragilitatem parumper duxi compendiose conscribendum atque etiam enarrandum. Verumtamen nullus credat, me omnia et singula, quae inserere propono [2], oculis vidisse, sed ex antiquis gestis bene aliqua extraxisse, et aliqua ex veridicis hominibus audisse, quæ omnia, in quibus locis scribantur et inveniantur, discreti lectoris iudicio duxi committendum. Attamen multo plura inseruissem, si in partibus illis aliquatenus prius propositum aliqua scribendi habuissem. Et tamen adhuc plura inserere potuissem, si non propter rudes detractores et derisores omitterem, ne aliqua incredibilia dicam, quibus ab eisdem mendax valeam [3] reputari. Nam detractoribus et derisoribus, qui scire non sunt digni, omnia videntur incredibilia et inaudita. Et nimirum quod ipsis omnia bona sunt ignota, ideo propter eos quam plurima quæ utique conscripsissem et inseruissem me omittere oportebat. [4]

I. DE TERRA SANCTA.

Est igitur terra sancta, id est terra promissionis, quam deus Abrahæ et semini eius dare promisit, deo amabilis, angelis laudabilis [5] et hominibus venerabilis. Nam dominus noster Iesus Christus eam suo pretiosissimo sanguine consecrare, ut sua gloriosa præsentia in nostra fragilitate humana, et ab antiquo, ut in bibliæ libris legitur, suæ deitatis et maiestatis gloria honorare atque etiam in ipsa humanum genus ab eterna dampnatione liberare dignatus est, quæ tamen diversis inhabitantium peccatis exigentibus a deo diversis est flagellis flagellata. Et non solum nunc temporibus Christianorum est flagellata, sed multotiens ab antiquo, ut in

---

1. *So A. In B mit Worten:* anno domini millesimo trecentesimo quadragesimo primo. *Dagegen C allein:* MCCCL. *Ihm schließen F und M sich an. Da Ludolf deutlich sagt, er sei fünf Jahre im Morgenlande gewesen, so kann nur* 1341 *richtig sein.* — 2. *B und C* intendo. — 3. *B und C possim.* — 4. scientiæ non sunt digni *B und C, welche hier Alles verwirren.* — 5. *C* arabilis.

diversis gestis et Biblia legitur, a diversis hominibus inhabitata et
sæpius perdita et recuperata. Verumtamen Iesus Christus non
immemor suæ gloriosæ passionis, ibidem Christianos correxit
virga correctionis filialis; itaque peccatis Christianorum consum-
matis, et terram sanctam nostris restituere dignatus, omnia loca,
civitates, villas, castra, et omnia ipsorum oratoria [1], adhuc quasi
servavit illæsa; itaque valde faciliter ad defendendum et inhabitandum et in statum pristinum essent aptanda, reformanda et recuperanda, licet a Sarracenis aliqua loca et oratoria pro parte bene
sint vituperata. Nam sicut oculus est homini dulcissimum et tener-
rimum membrum et in eo nihil penitus contrarium pati potest, sic
ad instar oculi est deo terra sancta et propterea in ea peccata sus-
tinere non potest obstinata.

Igitur volens ire ad dictam terram sanctam, cavendum sibi est
ne absque licentia domini apostolici transeat. Nam quam primum
ad littus Soldani applicuerit, est in sententia papæ [2], quia postquam terra sancta ad manus Soldani devenit, fuit et est excom-
municata, et omnes absque licentia papæ illuc transeuntes, ne Sarraceni tributo [3] Christianorum in despectum ecclesiæ sustenten-
tur. Ideoque dum aliquis transiens a domino apostolico bene
transeundi licentiam obtinuerit inseritur in bulla super licentia obtenta, quod non emat nec vendat aliqua in mundo, nisi victum
et vestitum et corporis necessaria, contrarium faciens in eandem
sententiam sciat se relapsum. Tamen plures sunt causæ ob quas
absque licentia, ut audivi, transiri potest, ut si transiens sit re-
ligiosus, vel si pater, mater aut amicus alicuius ibidem infirma-
retur, vel captus detineretur, tunc absque licentia transire posset,
ad quærendum vel redimendum ipsos, vel si aliquis transmittere-
tur pro pace vel aliqua alia re bona reformanda vel recuperanda.
Sed ut redeam ad propositum, aliquis igitur volens ad terram
sanctam transfretare, oportet quod [4] transeat per mare vel per
terram. Si vult transire per terram, ut audivi a talibus quibus
erat bene notum, ex tunc transitur rectius per Ungariam et Bul-
gariam et regnum Traciæ [5], sed dicunt quod sit via multum tæ-

---

1. *C* oracula. — 2. Est excommunicatus *C*. *So übersetzt auch Feyer-*
abend und vor ihm der middlehillische Übersetzer: so ist er im bann. —
3. *A* tribuno. — 4. *C* ut. — 5. Raciæ *lesen die Codd. und C, auch Feyer-*
abend, dagegen M Tracia, *was das Richtige ist.*

1 *

diosa. Tamen qui id laborare posset secure, ille per terram et non per mare usque ad Constantinopolim bene perveniret. Et de hac civitate modicum dicam.

II. DE CONSTANTINOPOLI.

Constantinopolis est civitas pulcherrima et multum magna, habens in gyro octo miliaria, figura triangulari facta, in modum et formam Romæ structuris ædificata, et est duobus angulis super maris brachium quod sancti Georgii dicitur situata, et tertium eius angulum habet infra [1] terram. Et est ipsa civitas variis et diversis ornamentis redimita, quam imperator Constantinus construxit et eam Constantinopolim nominavit et Græci nunc eam Bolos [2] appellant. In hac civitate est ecclesia miræ magnitudinis et pulchritudinis, qua credo non sit maior in toto mundo. Nam navis extensis omnibus velis se commode in ea vertere posset, eiusque magnitudinem plene scribere non sum ausus. Hæc ecclesia in honorem sanctæ Sophiæ in græco, id est transfigurationis domini in latino [3], est consecrata. Et est multis magnis et diversis solemnibus reliquiis ornata, scilicet veste inconsutili, et uno clavo domini, spongia, calamo et aliis diversorum sanctorum reliquiis redimita. In medio huius ecclesiæ stat magna columna marmorea et desuper imago Iustiniani imperatoris equestris ærea et optime deaurata, corona imperiali et regalibus vestimentis bene ornata, habens pomum aureum more imperiali in manu sinistra, et versus orientem rebellibus minatur dextra [4]. In hac etiam ecclesia est pars columnæ, in qua flagellatus erat Iesus. Et quam plurima sanctorum corpora et romanorum pontificum in ea requiescunt. Unde sciendum, quod [5] temporibus meis quidam armigeri ibidem de Catelonia [6] venerunt et imperatori Constantinopolis pro stipendio servierunt, qui in eorum recessu imperatori pro reliquiis specialiter supplicabant. Quibus imperator annuit, ponens tot san-

---

1. *So A und B. C* supra. *M* uff dem land. — 2. *Das ist* πόλις. — 3. *M.* dieselbe kirch ist in der ere Sant Sophoniæ gebuwen, das ist in latin in der ere der erklärung des heren. *Es scheint, Ludolf verstand nicht Griechisch.* — 4. *Ähnlich bei Johann von Maundeville.* — 5. *Diese drei Worte fehlen in BCM.* — 6. *So A und B. CMF dagegen* Calcidonia.

ctorum corpora quot fuerunt capitales, et a longe steterunt et secundum dignitatem cuiuslibet elegerunt et quivis eorum secundum,
quod meruit, integrum sacrum corpus obtinuit, et omnes contenti
ad propria cum gaudio sunt reversi. De aliis vero huius ecclesiæ
ornamentis non sum ausus amplius enarrare. In hac civitate assidue habitat Græcorum imperator. Et ille, qui temporibus meis fuit
imperator, habuit sororem ducis Henrici de Brunswich in contoralem, qua defuncta duxit sororem comitis Sabaudiæ [1]. Item
in hac civitate degit patriarcha Græcorum, cui ipsi Græci, ut
Latini papæ, per omnia obediunt et dominum apostolicum non
curant nec de ipso aliquid observant, exceptis suis sententiis. Nam
postquam Græci ab ecclesia romana per hæresim erant divisi,
ipsum patriarcham elegerunt et ipsi ut papæ obediunt in præsentem diem. Item in Constantinopoli omnia, scilicet frumentum,
carnes et pisces et huiusmodi quasi pro nihilo habentur et numquam est ibi alicuius rei caristia [2], excepti vini, quod de Neapoli ibidem deportatur. Item in eadem civitate quam diversæ degunt nationes. Est ibi etiam multum frigus, itaque carnes salsæ
ibidem fiunt et efficiuntur quæ in aliis Asiæ partibus propter calores effici non possunt. Etiam ibi rhombus capitur et desiccatur
et per totam Asiam deportatur exinde [3]. In hac etiam civitate in
antiquo imperatoris palatio sunt quædam vasa lapidea, quæ per
se aqua adimplentur et statim exsiccantur, et iterum per se adimplentur, et iterum per se exsiccantur. Item ibidem optimæ
margaritæ et magnæ in maxima quantitate in optimo foro reperiuntur. Et est sciendum, quod imperator Græcorum et ipsi Græci
quondam totam Asiam maiorem et minorem sub se habuerunt et
possederunt, sed postquam ab ecclesia romana per schisma erant
divisi, ipsas terras quasi totaliter amiserunt. Nam sententia contra

---

1. *Andronicus III Paläologus, Kaiser* 1321 *bis* 1341, *war zuerst vermählt mit Agnes (später Irene genannt), der Tochter Herzogs Heinrichs I
und Schwester Heinrichs II Herzogs von Braunschweig, in zweiter Ehe
aber mit Anna, der Tochter des Grafen Amadeus V von Savoyen.* — 2. *So
A und B.* penuria *C. Über das Wort* carestia, *das italienisch ist, vergl.
Du Cange, Gloss. T. II. p.* 179. — 3. *Diesen Satz haben nur A und B an
dieser Stelle. In C folgt er unten an unpassender Stelle. Der Fisch* rhombus, *die Butte, Scholle,* pleuronectes rhombus *L., ist im mittelländischen Meere,
doch auch in der Ostsee, häufig.*

eos est data, quod si quis potest eos capere, ipsos licite, ut pecus, potest vendere, et terram si quis Latinus violenter poterit acquirere, licite poterit obtinere, quousque ad gremium sanctæ matris ecclesiæ revertantur et convertantur. Unde maximas terras et regna amiserunt, ut postea audietis.

III. DE VIA PER TERRAM ET DE REGNO GARP.

Sed ut redeam ad propositum, Constantinopoli dimissa, postea per terram potest iri ad terram sanctam, si secure posset propter Tartaros et Turchos et alia obstacula diversa. Sed de Constantinopoli per mare transiri oportet in regnum Cypri, ut postea audietis. Et haec via, de qua mentionem feci, est usque septentrionem per terram usque Constantinopolim et de Constantinopoli, si commode et secure fieri posset, per terram et totum mundum iri posset; itaque non oporteret per mare navigari; sic eodem modo per totum mundum per terram iri posset versus meridiem; itaque per mare non oporteret navigari. Et sic deberet iri per Barbariam et regnum Marrochiæ et regnum Granati. Sed Barbari Christianos transire non permittunt. Atque Sarraceni in Hispania et Arrogonia degentes transeunt per hanc viam, limina Machometi ipsorum prophetæ visitare volentes, sed Christiani per hæc regna transire non possunt. Nam hæc duo regna Marrochiæ et Granati sunt potentissima et ditissima et a Sarracenis inhabitata, Soldanum penitus non curantes et semper cum rege Hispaniæ litigantes, et regem de Garp [1], qui Sarracenus est, cuius regnum est in confinibus Hispaniæ, ab ista parte maris contra regem Hispaniæ semper iuvantes. Et sciendum quod ab ista parte maris adhuc regnum Sarracenorum remansit, nomine regnum de Garp, multum potens in confinibus Hispaniæ situm, ut iam dictum est, et habet multum magnas civitates et munitiones et villas, et credo quod rex de Garp potentior sit Soldano: nam dum necesse fuit, in dimidia die plus quam centum milia robustorum habere potuit armatorum, et iste est qui assidue cum regibus Hispaniæ et Ca-

---

1. *So A und B. Dagegen CFM* Grap. *Gewöhnlich* Algarbe. *Es sollte heißen* curantia *und* litigantia, *da* regna *vorhergeht.*

stellae litigavit et adhuc litigat, ut sæpius audivistis et percepistis. Item in regno Arrogoniæ omnes villæ atque civitates sitæ sunt a Sarracenis inhabitatæ, in quibus et earumdem villarum qualibet rex excelsam habet turrim cum custodibus, ne Sarraceni quidquam mali incipiant, custodientibus, et quum officiatus alicuius villæ volt Sarracenos ad aliqua coartare, committit ipsis porcos ad pascendum et nutriendum, quod ipsis ex lege est prohibitum, et cum his et similibus Sarracenos ad suam cogit voluntatem.

IV. DE BARBARIA ET PUGIA.

Barbaria est terra multum sabulosa et deserta, et inhabitatores eius sunt Aethiopes nigri. Prope Barbariam est alia terra parva, non ad spatium sex miliarium magna, nomine Pugia, in qua simiae nascuntur et capiuntur. Omnes habitatores eius facies habent simininas, indifferenter masculi et mulieres, et simias in domibus suis domesticas, ut in istis partibus homines habent canes et gallinas, et ex illis simiis nutriunt iuvenes simias, quas vendunt et sic victum acquirunt, et propterea iuvenes simias castrant, ne alibi simiae generentur; tamen pluries vidi iuvenes simias in diversis partibus generari. Et est notandum quod inter Marrochiam et Hispaniam mare mediterraneum influit ex oceano per brachium latitudinis vix quartae partis unius miliaris. Itaque in una ripa stat mulier christiana et in alia ripa stat mulier barbara vestimenta eorum lavantes et ad invicem rixantes et contendentes, et dicitur illud brachium maris ab incolis Strit de Balthar [1] et alio nomine Strit de Marroch. Et isto parvo brachio maris transito potest iri per terram per totum mundum versus meridiem, ut dixi, si non sunt obstacula. Et per istud brachium reges Marrochiae et Granati regi de Garp veniunt in auxilium; nam leniter hoc transeunt. Et sicut mare mediterraneum per hoc brachium inter Marroch et Hispaniam ex oceano influit, sic eodem modo mare mediterraneum in mare ponticum effluit prope muros Constantinopolis per brachium maris, quod ab incolis brachium sancti Georgii vocatur, eiusdem latitudinis ut prius. Et est sciendum,

---

1. *d. i.* Stretto di Gibraltar.

quod in mari pontico nulla plus invenitur nec scitur terra, nisi quædam insula, quae Cersona ¹ vocatur, ad quam s. Clemens papa in exilium fuit relegatus et in eodem mari submersus, et ut legitur quod in eodem mari sit templum marmoreum, ad quod in eius festo transitus adhibeatur; sed nunc non est; olim autem fuit ita. Nam corpus sancti Clementis in Roma quiescit; ipsa insula est deserta, tamen optima et pulcherrima et ex ea deportantur marmora. [Est aliud mare versus orientem ultra civitatem Gara, quam tenet Tartarus de Cumania, quod caspium dicitur; hoc nec oceano, nec mediterraneo mari, nec pontico aliquo apparenti copulatur brachio. Asserunt enim quidam quod per gurgitem subterraneum mari pontico, quod sibi propinquum est, et per consequens ceteris maribus continuetur. Hoc brachium sancti Georgii, de quo dixi, dividit Europam et Asiam minorem, quæ maioris Asiæ provincia est. Hoc brachium vulgariter dicitur Bucca constantinopolitana, eo quod super ipsum in littore Europæ egregia civitas Constantinopolis, quæ et nova Roma dicitur, situata, ut supra habetur.] ²

V. DE MARI MEDITERRANEO.

Mare mediterraneum est illud per quod navigatur ad terram sanctam et dicitur mare mediterraneum quia habet ab oriente Asiam, ut distinguitur, et ab occidente et septentrione Europam et ad meridiem Affricam, quæ suis brachiis distinguit. Affrica et Europa, ut audivi, distinguuntur cum quodam flumine nomine Inda ³, in quo XL martyres fuerunt submersi, et idem flumen

---

1. *So A und B. In CFM steht das fehlerhafte* Trisana. *Es ist die* Chersonesus Taurica. — 2. *Diesen Zusatz finde ich nicht in A und B, nur in CFM. Er scheint eingeschoben. Die Stadt* Gara *ist verschrieben, statt* Capha *oder* Theodosia, *in der* Chersonesus Taurica. *Übrigens hat Frater* Felix Fabri *(Th. I. S. 110. Haßlers Ausgabe) diese Stelle benutzt.* — 3. *Doch wohl der Fluß* Indre *in Berry. Denn dorthin deutet die ganze wunderliche Erzählung. Wer* Hanibaldus *sei, entscheide ich nicht. In M. heißt er* Hannibal, *doch sonst nirgends. Der Name des Flußes* Inda *steht nur in A. B hat* Anda. *In C und den Übersetzungen findet sich gar kein Name.*

transit quandam civitatem nomine Biterris, et dicitur ideo Biterris, quia inter binas terras, scilicet Affricam et Europam, est situata et eiusdem civitatis episcopus dicitur biterrensis. Hanc civitatem quondam temporibus Hanibaldi construxerunt, dum philosophi Romanis mundum diviserunt, contra quos Hanibaldus aliam construxit in vicino civitatem nomine Narbona, quasi narrans bona, quæ nunc est metropolis bitterrensis, et dicitur episcopus narbonensis, et fui sæpius in illa terra. Sed ut redeam ad propositum, sciendum est, quod mare mediterraneum influit et effluit, ut audivistis, atque etiam fluit et refluit, et sine dubio numquam quiescit, ut aperte videtur inter Calabriam et Siciliam inter quas mare in tantum currit, quod nullus nauta absque ductore speciali ausus est navigando pertransire, prout etiam in multis aliis locis patet evidenter. Item est sciendum, quod mare mediterraneum in omnibus suis locis non est æque latum, sed in aliquibus locis est latius, in aliquibus vero strictius. Latius est enim de occidente versus orientem, ut in Hispania, Galicia [1], Catelonia et pro parte in Provincia; strictius vero est de occidente in orientem, ut in Calabria, Apulia, Neapoli et Venecia et huiusmodi locis circa.

VI. DE DIVERSIS MARIS PERICULIS.

Desiderans igitur transire per mare ad terram sanctam prædictam debet vel potest transfretare de quacumque terra, civitate vel earum portu sibi placuerit, quod suæ committo voluntati. Etiam de cibariis recipiat quantum potest vel habet; sed communiter de occidente in orientem ad quinquaginta dies cibaria sibi solent præparare; at de oriente in occidentem ad centum dies de cibariis sibi solent providere. Nam de occidente in orientem navis semper prospero vento quasi volando incedit, plus de nocte, quam de die, complens bene qualibet hora diei sedecim miliaria. Ratio est, quia terra occidentalis est multum frigida et semper ventosa. E converso terra orientalis est multum calida et penitus absque

---

1. Galacia *B.* *Für* Catelonia *in C F und M* Calcidonia. *Im Folgenden möchte zu lesen sein:* strictius vero est de oriente in occidentem, *obgleich die codd. nicht abweichen.*

vento: ideo in reditu magis, quam in exitu, in mari multo tardius est navigandum, et specialiter quia navigia magna de occidente in orientem in mensibus Septembri et Octobri solent reverti, galeydæ vero et huiusmodi navigia hinc inde in Augusto, cum mare est tranquillum, incipiunt navigare. Nam in Novembri Decembri et. Ianuario nulla navigia ob tempestates possunt transfretare. Tamen absque labore, periculo, timore ac tempestate nulla navigia reverti possunt, nisi valde raro. Quod mihi valde bene constat qui diversas et inauditas passus sæpius fui in mari tempestates. [Nam nullus exprimere posset plene, nec aliquis crederet tam inauditas et sævissimas maris esse tempestates.] [1] Nam veraciter scio quod lapis vel arena non est in fundo maris nisi moveatur, si moveri potest, mari ita sæviente atque insaniente, quod sæpius patet infra [2] insulas, ubi mare est strictum, quum quam plurimi lapides de uno littore ad aliud in tempestatibus sunt proiecti. Nam quadam vice dum quidam in Armenia navigasset cum galeyda et nocte subita tempestate invalescente de mane tribus hominibus perditis ipsam galeydam sabulo ex fundo maris ab eius rabie proiecto [3] desuper plus quam palmam inveniebat coopertam. Sed quia pericula maris ex diversis causis generantur ideo de ipsis modicum duxi enarrandum.

VII. DE PERICULO GULPH.

Primo pericula generantur ex ventis naturalibus, ut dictum est; etiam ex ventis mirabilibus, quos nautæ gulph [4] in mari appellant, qui de concavitatibus montium procedunt, qui tamen navigiis non inferunt damna, nisi sint prope. Unde anno domini millesimo CCCXLI nocte dominicæ, qua cantatur Lætare Ierusalem, navigavimus de oriente et optimum habuimus ventum orientalem; itaque navis sex velis extensis quasi volando incessit per totam noctem. At de mane in ortu diei, dum versus montes Sa-

---

1. *Diesen Satz hat hier bloß A. Er scheint entbehrlich. C fügt ihn am Schluß des Abschnittes an.* — 2. *So A und B. C tra, das auf* intra *führt. Doch diese Verwechselung ist häufig.* — 3. *So ist nach A diese sehr verderbte Stelle zu lesen.* — 4. *Italienisch* colpo di vento, *Windstoß. Die Lesart nach B und C, da A hier ungenau ist.*

taliae [1] navigavimus, dormientibus nautis, idem gulph navem cum
omnibus velis violenter per latus in mare proiecit et omnibus velis
madefactis navis per longum spatium quasi supra latus cucurrit.
Itaque si navis palmam plus ad latus declinasset, omnes fuissemus
submersi. Sed omnes funes et chordas velorum scindimus quousque navis se modicum erexit et sic per dei gratiam id maximum
tunc evasimus periculum.

VIII. DE PERICULO GRUP.

Item alia sunt in mari pericula navigiis etiam ex vento in naturali [2] provenientia, quem ventum innaturalem nautae grup appellant, qui ex reverberationibus duorum ventorum provenit; sed
ipsum nautæ venientem bene conspiciunt. Tamen ex eo etiam in
exeundo passus sum pericula. Item alia sunt in mari pericula de
piratis seu cursariis, qui navem ut castrum solent oppugnare.
Sed illa pericula, postquam civitas ianuensis [3] sibi elegit et praefe-
cit ducem, sunt multum sedata.

IX. DE PERICULIS SICCARUM.

Item alia in mari sunt pericula, quæ nautæ siccas [4] appellant. De quibus est sciendum quod mare in omni loco suo non est
æque profundum. Nam in mari sunt montes et rupes, herbæ et
huiusmodi viridia sicut super terram, atque illi montes et rupes in
aliquibus locis sunt altiores, in aliquibus demissiores. In aliquibus
locis rupes et montes vix palmum vel ulnam aquis sunt coopertae,
et ideo versus meridiem iuxta Barbariam nullus ausus est navigare.
Nam ibidem sub aqua multæ rupes et siccæ reperiuntur. Et ista
pericula in mari sunt multum timenda. Etiam quod herbæ et viridia crescant in mari, in tempestatibus patet; nam tunc diversæ
herbæ reperiuntur in littore proiectæ, etiam coralli, cuius ra-
musculi fœtidi de fundo maris eiiciuntur et postea a magistris po-

---

1. *Stadt in Kleinasien, das alte Attaleia in Pamphylien. Falsch B*
Saradiæ, *CFM* Sardiniae. — 2. naturali *B.* mirabili *CFM. Das Wort*
grup *ist italienisch:* gruppo di vento, *ein Wirbelwind.* — 3. *Die Republik*
Genua. — 4. *Italienisch* la secca, *die Sandbank.*

liuntur. Nam coralli primo sunt albi et fœtidi, et de attractione solis in fundo maris quo crescunt efficiuntur rubri et crescunt in modum parvi rubi altitudinis unius ulnæ. Dum itaque a mari eiiciuntur in maxima quantitate, ab hominibus congregantur et sic fœtidi venduntur. Et vidi in una domo plures corallos, quam quinquaginta equi portare possent, et plures dicere non sum ausus.

X. DE PERICULIS PISCIUM.

Similiter in mari sunt alia pericula quæ tamen raro contingunt nisi parvis navigiis et sunt pericula piscium grandium. De quibus sciendum est, quod quidam piscis est in mari quem Græci troya [1] marina appellant, id est sus marina, parvis navigiis multum timendus, cum idem piscis raro vel numquam navigiis infert damnum, nisi fame coactus. Etenim si datur sibi panis per nautas, recedit et contentatur. Et si recedere non volt, ex tunc ex inspectione hominis facie iracunda et terribili protinus perterretur et fugatur. Sed tamen multum est homini cavendum dum eum sic inspicit, quod non timeat piscem, sed ipsum horribiliter inspiciat et audacter. Nam dum piscis hominem videt timere, non recedit, sed navigium mordet et dilacerat quantum potest. Si autem homo piscem audacter et horribiliter inspicit facie iracunda, ex tunc piscis perterritus navigio relicto recedit. Unde audivi a valde notabili nauta mihi dicente, quod dum esset iuvenis cum quodam parvo navigio in eiusdem piscis periculum incidisset, et quidam iuvenis erat secum in navicula, qui se multum ferocem reputabat et audacem, et obvianti pisci pro audacia, quam se habere putabat, sibi panem dare noluit, sed cum fune de navicula usque ad aquam ad inspiciendum piscem facie iracunda, ut moris est, se dimisit, et statim viso pisce timore perterritus, ut ipsum cum fune retraherent, sociis protinus exclamavit, et piscis viso timore hominis dum retrahebatur saltans ex aqua dimidiam hominis partem usque ad ventrem uno morsu amputavit et naviculam relinquens abscessit. Dicitur tamen quod idem piscis non sit ad iactum lapidis longus, nec sit grossus, sed caput eius sit maximum et grossum, et omnia damna

---

1. Troja marina *ist Italienisch*, *im Französischen* truie de mer, *das Meerschwein, die Stachelsau, eine Art der* Scorpæna.

quæ navigiis infert facit mordendo et dilacerando. Item audivi ab
alio valde veridico nauta, qui quasi omnia maris novit itinera et
quam plurima et varia horribilia in mari passus fuit pericula; idem
nauta dixit, quod quadam vice iuxta Barbariam vento contrario navigasset in locis, ubi est periculosissimum navigare propter rupes
et siccas modicum aqua coopertas, et non longe a talibus locis
semper a decem [1] millibus ulnarum fundus non poterat reperiri;
dum itaque in talibus locis cum maximo periculo et timore navigasset, casu navis super piscem, quem Galici melar [2] appellant, devenit, qui ibidem inter rupes latitavit, et piscis sentiens navem venientem, putans forte aliquid esse, quod deglutire posset, aperiens
os suum tam valido morsu navem invasit quod, licet graviter esset
onusta, tamen per longum spatium retro cessit et omnis populus
in navi ex ipso morsu et ictu fuit expergefactus. Sentiens itaque
nauta navem per impossibile reductam retrocessisse, exclamavit
ad populum, ut deum pro suis animabus exorarent, cum nulla eis
spes foret vitæ. Nam pro certo navis ipsa contra magnam rupem
percussisset. Et statim marinarii, id est servi navis, in sentinam
navis descenderunt, rupturam navis videre volentes. Invenerunt
dentem piscis grossitudine unius trabis et longitudine trium cubitorum navem penetrasse, et ipsam partem dentis postea aliquibus
instrumentis ferreis extrahere nequierunt, sed cum serra dentem
navi coæquarunt, et nulli dubium nisi navis fuisset rupta, si dens
non fuisset tam acuta [3], navem tam mirabiliter non penetrasset.
Dum mirabamur de longitudine et grossitudine huius piscis, idem
nauta respondit [4], quod non miraremur, quoniam piscis unius miliaris longus esset in mari quod in strictiori suo loco quatuor mil-
lium et sexcentorum miliarium [5] esset latum, cum in parva piscina
non ad unius tractus balistae lata piscis unius ulnæ longus sæpissime capiatur. Vidi enim tres tales pisces iuxta Sardiniam, qui
aquam cum anhelitu in aerem cum maxima quantitate, plus quam

---

1. multis millibus. *B.* vix ulnis *C. was auf* decem *führt.* — 2. Gal-
lici molor. *B. In C F M fehlt der Name des Fisches. Im Französischen
sind* merlus *und* méro *Namen großer Fische. Der französische Name des
Sägefisches* (pristis), *héron de la mer, passt nicht.* — 3. *So A und B. Dagegen C* acutus. — 4. *So A. B und C* dixit. — 5. *So A und B. In C
FM ist die ganze Stelle verworren und unklar, welche jetzt zum ersten Male
Sinn erhält.*

balista trahere posset, proiecerunt et sonum quasi tonitruum fecerunt. Etiam temporibus meis iuxta insulam Tortosae [1] talis piscis fugando alios pisciculos in terram et siccum se proiecit cum maximo impetu aquarum [2], quas ante se vexit, et aquis recedentibus in sicco piscis remansit et omnes habitatores illius loci eius pinguedine et carnibus sufficiebat. Sed post modicum tempus calore solis invalescente tota provincia illa ex eius fœtore et putredine fuit infecta et idem cadaver piscis ut magna domus eversa erectis sursum tignis per longum tempus a longe videbatur, sed postmodum per tempestates et procellas in locum profundiorem est proiectum. Tamen a quam pluribus expertis audivi quod longior in mari piscis sit [3] anguilla.

XI. DE DIVERSIS PISCIBUS.

Item in mari plurima et diversa sunt piscium genera magna et parva, diversi coloris, diversæ speciei, formæ et dispositionis, squamata et non squamata, quæ omnia secundum ipsorum naturam humana mente nequeunt comprehendi. Inter hæc omnium piscium genera sunt pisces quidam valde mirabiles, qui se ex aqua aliquantum elevant æqualiter et simul et semel per magnum spatium ut vespertiliones volant, sed quantum in volando perseverare possunt, mihi non constat. At de ipsis maris expertis diligenter interrogavi, unde iidem pisces evenirent, qui mihi responderunt, quod in Anglia et Ybernia supra littus maris speciosissimæ [4] crescerent arbores fructum in modum et formam pomorum producentes, et in ipsis pomis vermes nascantur et pomis maturis dum cadunt, franguntur et vermes evolant, pennas ut apes habentes, et quicumque primo terram tangunt, aereæ efficiuntur et cum aliis volucribus cœli volant; quicumque autem vermes aquam primo tangunt, aquaticæ efficiuntur, ut pisces natantes, et simul et semel hinc inde vagantes et naturam ipsorum aliquando volando ex-

---

1. *So A und B.* *CFM dagegen falsch* Corsica. *Tortosa ist eine Insel an der Küste von Syrien, der Stadt Tortosa gegenüber.* — 2. aliquorum *sinnlos C, das M übersetzt:* mit ainer grosen ungestümikait *der andern.* — 3. *So A und B.* In *C* non sit, *was F M wiedergeben. Doch ist die Negation nicht unentbehrlich, wenn man* longior *faßt* = longissimus, *wie es durchaus im Sprachgebrauche Ludolfs liegt.* — 4. specialissime *A.*

ercentes; sed si ita in arboribus crescant, mihi non constat nisi ex auditu: sed pro piscibus comeduntur et ab hominibus per mare transeuntibus volare videntur.

XII. DE PASSAGIO VOLUCRUM.

Etiam est sciendum quod temporibus congruentibus quam plurima avium et avicularum genera per mare passagium [1] faciunt de occidente in orientem et e converso, specialiter grues, quisculae [2] et hirundines, et quam plurimæ aves et aviculæ magnæ et parvæ diversi coloris, diversæ dispositionis et figuræ, quarum nomina et naturam solus novit deus. Sed de insula ad insulam volant quo usque transeunt et sunt tam macræ, quod nil habent nisi pennas et ossa, præ lassitudine iacturas lapidum et sagittas non curantes. Nam quisculas in navi in mensa [3] cepi, quae tamen statim moriebantur. Attamen in omnibus partibus ultramarinis in quibus umquam fui, numquam ciconiam vidi; sed semel in quodam claustro fratrum minorum vidi unam ciconiam, quæ pro magno monstro reputabatur. Item de hirundinibus sæpius sum interrogatus, si de hieme essent in partibus meis. Respondi quod non, sed in partibus meis, sicut ibi, in Martio veniunt, et unde veniant, penitus ignoratur. Unde accidit quod in palatio cuiusdam magni domini quadam vice dispensator curiæ dormiebat supra mensam, et veniebant duæ hirundines pro nido rixantes et morsibus se invicem tenentes; itaque super faciem dormientis ambæ ceciderunt, qui inde expergefactus ambas hirundines supra faciem suam cepit et obtinuit et unicuique ipsarum zonam alligavit [4] et ipsas volare permisit, quæ omni anno cum eisdem zonis ad nidos suos sunt reversæ. De aliis avium et avicularum generibus, quæ suis temporibus per mare transeunt, singulariter longum esset enarrare, sed ut redeam ad propositum plura de talibus scribere desisto.

---

1. Passagium = transitus. Du Cange, Gloss. T. V. p. 120. — 2. *Wachteln*. *Mit it.* quaglia, *fr.* caille, *verwandt*. *Bei* Du Cange, T. *V.* p. 568 *steht:* quisquilla = coturnix. — 3. *So AB.* immensas *C.* sehr vil Wachtel *F.* — 4. *So A B. In C* signavit *und* cum eisdem signis, *wie auch F und M übersetzen.*

XIII. DE NAVIGATIONE PER MARE, DE TROIA ET INSULIS.

Quicumque igitur voluerit terram sanctam vel partes ultramarinas visitare, ut prædixi, oportet ipsum cum nave vel galeyda ad ipsas transfretare. Si transfretat cum nave tunc per mare transit directe, non applicando aliquem portum, nisi ventis contrariis, vel penuria victualium, vel alia maxima necessitate compulsus, et sic relinquit versus meridiem Barbariam ad dexteram et relinquit versus septentrionem Græciam ad sinistram. Et contemplans famosas insulas ad visum scilicet Corsicam, Sardiniam, Siciliam, Mantam, Goy, Scarpe [1], Cretam, Rodum et quam plurimas alias insulas magnas et parvas; et his omnibus visis pervenit in Cyprum. Si vero transfretat cum galeyda, sciendum est, quod galeyda est navigium quoddam oblongum navigans de littore ad littus, de portu ad portum, semper prope ripam, et omni nocte semper applicat portum in terra, et habet sexaginta scamna ab utraque parte, et ad quodlibet scamnum pertinent tres navigantes cum tribus remis et unus sagittarius, et in ea sumuntur quotidie recentia cibaria, quod in navi fieri non potest. Et dum sic cum galeyda prope littora navigatur, quam plurima pulcherrima loca, civitates, villæ et castra videntur, et specialiter omnia loca quæ in navi nisi ad visum videntur, cum galeyda cernuntur et visu et oculis perlustrantur. Et sic quasi totus mundus versus septentrionem cum galeyda circuitur, ut postea exprimetur. Cum autem sic cum galeyda de loco ad locum, de portu ad portum navigatur, usque ad Constantinopolim, de qua prius dixi, pervenitur, et ipsa civitate dimissa supra littus Asiæ minoris pervenitur ad locum, ubi quondam illa nobilissima civitas Troia fuit sita, cuius aliquod vestigium non apparet, nisi aliqua fundamenta in mari sub aqua,

---

1. *So lauten diese Namen in A. In B dagegen* Scorpentum. *C* Soy, Sarpentum, *danach F. In M* Sarpeney. *Noch seltsamer in der niederdeutschen Übersetzung in der Bibliothek zu Düsseldorf, welche erst mit diesem Abschnitt anhebt:* Curkam, Sardiniam, Siciliam, Mantham, Cormetham, Storpe, Rimgrecum, Rodes, Cypers vn manigen anderen werder. *Vergl. meine Schrift über ältere Pilgerfahrten, besonders über Ludolfs Reisebuch (Münster, 1848) S. 30 ff.*

et in aliquibus locis aliqui lapides et aliquæ columnæ marmoreæ sub-
terratæ [1], quæ tamen dum inveniuntur, ad alia loca deportantur.
De quibus est sciendum, quod in civitate Venetiæ non est aliqua columna lapidea vel aliquod bonum opus lapideum sectum, nisi de Troia
ibidem sit deportatum. Iuxta locum in quo quondam Troia fuit sita,
parva civitas est constructa et Ayos Yamos [2] græce vocata et a
Græcis inhabitata. Hæc civitas Troia supra littus maris in terra nomine Frigia [3] sita fuit et non distat multum a Calcedonia, nec tamen
bonum portum habuisse videtur. De Troia cum galeyda procedendo
cernuntur littora Lumbardiæ, Campaniæ, Calabriæ et Apuliæ et pervenitur ad quandam insulam nomine Corsica. Prope hanc insulam
sanctus Paulus apostolus, dum in Judæa captus ad Cæsarem appel-
lasset, naufragium fuit passus, et de vespere in hospitio prope
ignem a vipera morsus illæsus evasit, ut in actibus apostolorum continetur. In hac insula homines adhuc degunt, qui se de genere illius domestici iactant esse, in cuius hospitio hæc sancto Paulo acci-
derunt. Iidem homines dant potestatem [4] hominibus, ut quicumque
a serpente vel aspide morsi fuerint, se ipsos cum eorum saliva curare
possint. Et dum alicui hanc potestatem conferunt, accipiunt vitrum
plenum vino et bibunt primum et de saliva eorum modicum immittunt,
et si ille cui bibere confertur, ex eo bibere abhorret, ex tunc terram cum
vino miscent et dant recipienti illam potestatem seu gratiam dicentes:
Accipe potestatem et gratiam a deo in honorem sancti Pauli apostoli nobis et nostris successoribus concessam, quam tibi eodem
nomine concedimus, ut dum a serpente vel aspide vel quocumque
alio animali venenoso morsus vel læsus fueris, saliva tua te ipsum,
et non alium, valeas salvare et curare, quam tibi gratis conferimus
et pro deo damus. In nomine patris et filii et spiritus sancti. Amen.
Et si aliquis tunc alium curat, præter se ipsum, ex tunc curans
dein gratiam amittit, sed pro tunc proficit illi, qui curatur. Ab hac
insula Corsica navigatur in Sardiniam, insulam valde nobilem et
bonam et optime fertilem, et multum pecoribus, pascuis et lacticiniis specialiter abundantem, excepto vino, quod ibidem aliunde
deportatur. In hac insula quondam corpus sancti Augustini requi-

---

1. *So A und B.* sub terra *C.* — 2. *So A und B.* In *CFM fehlt dies
und anderes. Der Name scheint zu sein:* Hagios Ioannes. — 3. Phrygia.
— 4, *A* pacem.

evit et exinde per regem Lumbardorum in Papiam [1] est translatum.
Ex hac etiam insula sanctus Macarius, inter eremitas nominatissi-
mus, fuit ortus. Hæc insula quondam Pisanorum fuit; sed rex
Arrogoniæ ipsis cam abstulit violenter. Non tamen multas civitates
habet, sed unam pulchram nomine Castel de Cal. Prope hanc est
quoddam castrum nomine Bonayr [2]. Ad hanc insulam anno domini
MCCCXLI ascensionis domini validissima et sævissima subitanea
tempestate cum maxima navi eramus proiecti; itaque per viam
quam per tempestatem illam navis ab hora sexta usque ad horam
vesperarum cucurrit, infra quindenam nequivimus recuperare. Nam
talem et tantam in mari tempestatem non meminit antiquitas hominum modernorum. Eadem itaque nocte dum sic proiecti eramus,
triginta quatuor magnæ naves ibidem convenerunt, quas tempestas
ex diversis maris partibus ibidem proiecit et congregavit. Et quam-
plurima alia navigia parva et magna, quorum quædam iacturam bonorum fecerant, alia et crepata [3], et quam plurima navigia pro tunc
fuerunt submersa. Inter hæc omnia navigia venit maior navis mundi
de Neapoli portans mille maxima vasa vini exceptis plus quam sex-
centis hominibus et aliis mercimoniis diversis, quibus erat onerata,
et versus Constantinopolim tendebat, tamen ex reverberationibus
procellarum retro erat rapta. Huic insulæ Sardiniæ coniungitur alia
insula parva, ile de Sauper, id est insula sancti Petri [4] vocata, in
qua sunt equi silvestres parvissimi et miræ pulchritudinis, qui præ
velocitate non nisi sagittis subtiliter capiuntur et pro ferinis comeduntur. Inter hanc insulam et provinciam mare est pessimum et
ibidem gulph de leun [5], id est ira leonis, a navigantibus appellatur.
Nam si navis per totum mare pacifice pertransiret, per hoc brachium
maris numquam absque maxima tempestate, periculo et timore trans-
iret et ideo gulph de leun ibidem est vocatum. Ab hac insula Sar-
dinia navigant in Siciliam insulam et regionem nobilissimam in gyro

---

1. *Der Leichnam des h. Augustin soll* 506 *von Hippo*, *wo er* 430 *als
Bischof starb, nach Sardinien, und von da* 725 *durch König Luitprand erst
nach Genua, dann nach Pavia gebracht worden sein. Luitprand erbaute zu
seiner Ruhestätte hier die Kirche* s. Petri et Augustini, *genannt* Cielo d'oro.
Man hat später das Denkmal des Heiligen in der Kathedrale errichtet. —
2. *So AB*. Homair *C*. Banair *M*. — 3. rupta et crepata *B*. — 4. *Die
kleine Insel* S. Pietro *im Südwesten von Sardinien*. — 5. de leym *B*. Gulff
de leui *CFM*.

octingenta miliaria habentem. Et est regnum per se valde bonum: hæc vero insulā præ omnibus circum terris est fertilissima. Nam dum in omnibus terris et partibus ultramarinis ex pluviarum et aquarum penuria est carestia, solummodo ex Sicilia reficiuntur et sustentantur.

XIV. DE SICILIA INSULA.

Hoc regnum Siciliæ septem habet in se episcopatus et unum metropolitanum, scilicet montis regalis, qui temporibus meis erat frater de ordine minorum. Etiam habet quam plurimas fortissimas et nobilissimas civitates, munitiones et villas, et specialiter pulcherrimas et munitissimas civitates maritimas in littore maris sitas et omnes bonos portus habentes, videlicet Messinam, Palermam, Trapanam et Cathaneam. In hac civitate Trapana degunt fratres prædicatores imaginem beatæ Mariæ in specie annuntiationis eius depictam habentes, quam incolæ in maxima habent reverentia, etiam in mari navigantes; nam aliqua navis prope aliquatenus non transivit, nisi hanc imaginem salutarit vel visitarit, et credunt firmiter et dicunt, quod si aliqua navis transivit imagine non salutata vel visitata, absque tempestate ad propria non rediret. In Cathanea civitate passa erat sancta Agatha, cuius corpus ibidem integre requiescit, quod in maxima habetur reverentia et custodia; nam ob eius merita deus multa miracula operatur quotidie in universa Sicilia. Juxta hanc civitatem Cataneam est mons multum excelsus seorsum, quem ibidem mons Bel [1], id est pulcher mons, appellant. Hic sine aliqua intermissione, ut fornax ardens, flammare vel fumigare non cessat, eiiciens lapides exustos, in modum parvæ domus grossos, quos in his partibus pomicam [2] appellant, cum qua planatur pergamenum. Ex his et aliis immunditiis de monte exeuntibus [3] per ventum in simul congregatis [4] et conglutinatis magni et longi ac excelsi montes prope sunt effecti. Ex hoc monte exivit fluvius igneus, de quo legitur in passione beatæ Agathæ: Extulerunt velum contra ignem. Huius fluvii transitus aperte videtur in prae-

---

1. Mongibello, der *Ätna*, von den Arabern gebel, d. i. Berg, genannt. — 2. *Das lateinische* pumex *lautet italienisch* pomice. — 3. existentibus *B.* — 4. aggregatis *B.*

2 *

sentem diem. Tamen post tempus beatæ Agathæ sæpius talis fluvius igneus exivit et adhuc interdum exit. Multum enim Sicilia per istos fluvios igneos et pomicam de monte exeuntes est devastata; nam postquam frigescunt indurescunt nec ferro nec aliquo instrumento frangi possunt. Dicitur, quod in illo monte sit os inferni, et nulli dubium nisi aliquid sit in re. Nam per multas voces, mirabilia et exempla quotidie et in antiquis regni gestis est compertum et probatum. Nam quandocumque alicubi aliqua magna sunt bella, idem mons usque in coelum flammas emittit et extunc habitatores Siciliae aliqua bella in aliquo loco veraciter esse, agnoscunt. Dixit mihi quidam frater de ordine minorum, qui in Sicilia dudum moram traxerat, pro sua conscientia, quod dum felicis recordationis imperator Henricus et Pisani contra regem Robertum haberent bellum in monte Cathin [1], quo frater ipsius regis Roberti fuit interfectus, qui nunc in Pisa sub eiusdem imperatoris sepulchro tumulatus est, idem mons tantum inflammavit, quod tota nocte, qua bellum fuit, fratres minores in Messina, quæ distat a monte circa viginti miliaria, matutinas suas per lucem flammæ montis legerunt. Sibi hoc idem dixit contigisse, dum fuit bellum inter Florentinos et Perusienses in Altpas [2]. Multa mihi idem frater de hoc monte dixit mirabilia, de quibus longum esset enarrare. Unde de ipso monte in Sicilia commune est proverbium: Malo esse in monte Bel cum regibus et principibus, quam in coelo cum claudis et cæcis. Quod bene patet. Nam ibidem viri sunt nequam pessimi, mulieres vero optimæ. Tamen in Sicilia indifferenter ad tres ritus se habent: in una parte ad ritum latinum, in alia ad ritum Graecorum, in tertia ad ritum Sarracenorum; attamen omnes sunt Christiani, licet ritu differant et discordent. Et multum est mirandum, quod Sicilia possit esse tam fertilis et delectabilis, cum ex hoc monte tam horribilia sæpissime patiantur detrimenta. Nam accidit aliquando quod idem mons tot cineres eiicit per unum diem vel duos, quod pecora per magnum tempus pascua nequeunt invenire. Etiam aliquando tot fluvii ignei et flammæ et alia de hoc monte exeunt horribilia, quod habitatores eius ieiunant et vota vovent, putantes se vivos descendere in infernum. Nam fluvii de monte exeunt in modum

---

1. Cachym *BC. Dann C falsch:* Cachin, qui ipsius regis Roberti fuit. *Ebenso FM.* — 2. Alepas *C. F und M haben keinen Namen.*

æris candentis et ardentis et omnia quæcumque tam ligna quam
lapides, quos in itinere, quo transit, reperit, consumit, ut aqua
fervida nivem, et in aliquibus locis per duo miliaria, secundum
quod terra est altior et demissior, terram faciunt desertam et per-
petue inhabitabilem, quare licet Sicilia sit optima terra, tamen
timendum est habitare in ea.

XV. VULCANUS MONS.

Similiter prope Siciliam est alia parva insula, non habens nisi
unum montem in se, in cuius pede pulcherrimum est pomarium et
amœnum. Hunc montem incolae Vulcani appellant. Hic mons absque ulla mora, ut fornax, ardentissimas flammas emittit, multum
horribilius, quam mons Bel. Hic mons in insula Sicilia quondam
legitur stetisse, sed ob merita beati Bartholomæi apostoli in mare
se declinavit et a terra se divisit. Hic mons horribilissime et for-
tissime ardet et pomicam in modum parvæ domus ut machina in
aerem eiicit et tam fortiter, quod in aere frangitur in modum pomorum, et per dimidium miliare frusta in mare cadunt [1] et tunc ad
littus proiiciuntur a fluctibus et colliguntur. Hæc est pomica, qua
utuntur scriptores ad planandum pergamenum, quam aliqui dicunt
quod fiat ex spuma maris, quod falsum est, ut audivistis. Quadam
vice antequam per Siciliam transirem, in pomario, quod est in
pede Vulcani, quidam lacus erupit, ad iactum lapidis longus et
latus, ex quo secundum eius latitudinem et longitudinem per quatuor dies et noctes flamma usque in coelum exivit tam terribiliter
et horribiliter, quod omnibus coelum et terra videbatur ardere et
diem subversionis eorum instare, certissime putaverunt, et flamma
cessante aliis quatuor diebus et noctibus tot cineres exiverunt, quod
in multis locis homines relictis civitatibus et villis et omnibus in
montes fugerunt et, ut melius poterant, præ cinere latitaverunt,
et omnia pecora et quam plurimi homines in campis cinere perie-
runt. Multæ etiam civitates præ cinere penitus videri non poterant,
ita erant cinere coopertæ. Etiam multa flumina cineribus erant
exsiccata. Talis et tanta tunc erat in Sicilia tribulatio et angustia,
quam numquam ibidem fuisse hominum vel gestorum meminit an-

---

1. cadebant *B*.

tiquitas. Ex tunc habitatores Siciliæ vota deo voverunt et ieiunia indixerunt et valde pœnitentiam egerunt et deo supplicabant, ut iram suam ab eis averteret et ob merita sanctæ Agathæ eos de talibus et tantis tribulationibus liberaret. Et statim cessavit tribulatio et postea de talibus nil perceperunt. Et multa mala, quæ antea fieri solebant, sub maximis pœnis inhibuerunt.

XVI. SYRACUSANA CIVITAS.

Item alia civitas est in Sicilia nomine Syracusa, qua sancta Lucia fuit passa, et ibidem etiam corpus eius integre requiescit, et quam plurimæ aliæ sanctorum reliquiæ sunt in Sicilia venerandæ. De aliis Siciliæ mirabilibus et imperatoris Frederici nobilitatibus et palatiis et captione piscium, qui Tonyn [1] dicuntur, et aliis diversis divitiis et fertilitatibus eius longum esset enarrare.

Prope Siciliam sunt multæ aliæ insulæ parvæ et magnæ, Sarracenis inhabitatæ. Etiam est prope alia insula nomine Manta, habens unum episcopatum, quam sæpius pertransivi. Prope hanc est alia insula Colmat [2] vocata, in qua sunt tot cuniculi, quod eis vix sufficit terra ad inhabitandum. Prope hanc est quædam alia insula nomine Scola: ad has parvas insulas nisi spontanee non pervenitur. Sed prope has est alia insula Goy [3] dicta, pecoribus et lacticiniis multum abundans. Inter hanc et alias insulas quadam vice cum maxima nave in maxima tempestate periculosissime pertransivi, nec aliquis tantam navem umquam ibidem transisse recordatur.

XVII. ACHAIA.

De Sicilia procedendo navigatur per gulphum Venetiarum, qui dividit partes Italiæ et Græciæ, et navigando circa littora Græciæ pervenitur in Achaiam et Macedoniam et alias partes Græciæ,

---

1. Troyn *CFM. Gemeint ist der Thunfisch, gr. θύννος, lat.* thunnus, *ital.* tonno. *Statt* fertilitatibus *hat B* felicitatibus, *vielleicht richtig. Doch fehlt hier der Name des Fisches.* — 2. Celmot *B. In CFM fehlt die ganze Stelle, wie auch der nächste Satz.* — 3. Sya *M.* Moy *F. Daß die Insel Guzzo bei Malta, ehmals Gaulos* (Plin. H. N. III. 8.), *gemeint sei, ist nicht zu bezweifeln. Schon oben, C.* XIII, *wurde sie genannt, wo C* Say *schreibt.*

quæ Romania vocatur [1]. Et est sciendum, quod illa terra, quæ dicebatur Achaia, nunc Morea [2] vocatur. Hanc terram Catelani Græcis violenter abstulerunt. In ipsa terra est pulchra civitas nomine Patras. In qua passus erat sanctus Andreas apostolus. Etiam sanctus Antonius et quam plures sancti ibidem quondam degerunt et ex ea originem traxerunt. Non procul a Patras est Athenis, in qua quondam viguit studium Græcorum. Hæc civitas quondam fuit nobilissima, sed nunc quasi deserta. Nam in civitate ianuensi non est aliqua columna marmorea vel aliquod opus bonum lapideum sectum, nisi sit de Athenis ibidem deportatum, et totaliter ex Athenis civitas est constructa, sicut Venetia ex lapidibus Troiæ est ædificata. In eadem terra Achaia est Corinthi civitas pulchra et fortissima, in cacumine montis sita, cui in fortitudine similis vix est audita. Nam si totus mundus ipsam obsideret, frumenti, vini, olei et aquarum numquam penuriam sustineret. Ad hanc civitatem sanctus Paulus quam plures scripsit epistolas. Non multum a Corintho distat Galatas civitas, ad quam sanctus Paulus etiam scripsit epistolas. Et dicitur gala in Græco, ut lac in Latino. Nam habitatores eius albiores sunt aliis hominibus circa, ex natura loci, et hæc civitas, quæ olim Galatas appellabatur, nunc Pera [3] vocatur. Etiam in Achaia, seu Morea, degunt fratres domus Theutonicorum habentes ibidem fortissima castra, semper cum duce atheniensi et Græcis litigantes. De Achaia, seu Morea, procedendo pervenitur ad diversas Græorum insulas, lustrando littora Asiæ minoris, et pervenitur ad quandam insulam nomine Sya [4]. Hæc insula specialiter est nobilis, in qua crescit masticus, et non in alia parte mundi, licet arbores eius in aliis partibus bene crescant, tamen fructus non reperitur. Crescit masticus in modum gummi ex arboribus stillando, et ex hac insula per totum mundum deportatur. Hæc etiam insula habet episcopum, qui temporibus meis fuit de ordine prædicatorum. Hanc insulam duo fratres cives ianuenses imperatori constantinopolitano violenter abstulerunt, et postmodo fratribus ipsis discordantibus unus fratrum partem suam

---

1. Romana vocautur *B*. Romana dicitur *C*. — 2. *So A*. mare *C*. *Danach F*: „heißt jetzt ein meer." *In B ist der Name* Morea *ausgefallen*. — 3. *Diese seltsame Erwähnnng der durchaus nicht hieher gehörigen Galater ist durch die Briefe Pauli veranlaßt, und knüpft zum Schluß an Pera und Galata, die Vorstädte von Constantinopel.* — 4. *Das ist Chios*. Scio.

imperatori latenter restituit et alium fratrem captivavit et dudum captum detinuit, et ambobus imperator insulam abstulit; sed tamen temporibus meis fratrem captum in gratiam recepit et exercitui præfecit et alia sibi castra donavit. De Sya vero navigatur in Pathmos insulam desertam, in qua sanctus Joannes evangelista a Domitiano fuit in exilium relegatus, et ibidem cœlorum secreta vidit et apocalypsim conscripsit. De Pathmos navigatur et pervenitur ad littora Asiæ minoris et pervenitur in Ephesum, si placet. Et illa terra, quæ olim Asia minor dicebatur, nunc Turchia vocatur. Nam Turchi ipsam Græcis abstulerunt. Est etiam sciendum, quod Turchi sunt homines longi et nigri et strenuissimi Sarraceni, non tamen de genere Sarracenorum, sed potius Christianorum renegatorum, et sunt per omnia homines, ut Frisones [1], iuxta mare versus septentrionem in fortissimis castris, quæ Græcis abstulerunt, habitantes, non aliqua arma, nisi arcum habentes, ex lacticiniis viventes, cum pecoribus hinc inde vagantes, et per omnia viles et mores Frisonum habentes.

XVIII. EPHESI CIVITAS.

Est etiam sciendum, quod vera civitas Ephesi distat a mari ad quatuor parva miliaria. In hac civitate pulchra est ecclesia in modum crucis facta, plumbo cooperta, opere mosaico et marmoribus nobiliter decorata et adhuc integra. In qua ille dilectus discipulus ad epulas invitatus, sepulchrum intrans, quod lux obumbravit [2], ultra non apparuit. Idem sepulchrum est iuxta maius altare, et in quadam rupe aperte demonstratur, ab intrantibus denario Turchis primo dato. In ipsa ecclesia Turchi nunc vendunt bombycem, lanam et frumenta ac huiusmodi mercimonia. Civitas Ephesi quondam inter duos montes mirabiliter fuit collocata et habuit utrasque partes et extremitates in montibus, medium vero in valle. Ab hac civitate distabat ecclesia, in qua est sepulchrum sancti Joannis ad tractum balistæ, in vertice montis sita, et quia fortior locus est iuxta ecclesiam, metu Christianorum nunc civitas Ephesi per Turchos est

---

1. *Diese Vergleichung ist aus dem Gesichtskreiße des Westfalen genommen.*
— 2. *So räthselhaft und geheimnisvoll erzählte den Tod des Johannes die alte Legende, die dem Verfaßer vorschwebte. Daß es heißen müße:* quod lux obumbravit, *ist klar. Die codd. haben:* quem lux obumbrans.

translata, et antiqua civitas nunc est deserta. Adhuc temporibus meis vixit illa nobilis domina, cuius mariti erat ipsa civitas. Etiam vixit Zalabin ¹ Turchus, qui eis ipsam civitatem abstulit, de cuius consensu illa nobilis domina sub castro Ephesi morabatur, et eius licentia mercatoribus vendidit vina, et nobis de perditione sui mariti et civitatis cum multis gemitibus exposuit sui cordis tristitias et dolores. Prope autem civitatem Ephesi est fons parvus et rotundus optimos habens pisces et in maxima quantitate. Ex hoc fonte aqua tantum ebullit, quod omnia viridaria et pomaria et tota terra ex eo irrigatur. Et est sciendum, quod illa civitas, quae olim Ephesus dicebatur, postea Theologos appellata est a Graecis, et nunc Altelot, id est altus locus, vocatur, quia ad altiorem locum circa ecclesiam, ut dixi, civitas est translata. Ab hac civitate antiqua Ephesi supra littus maris ad quatuor miliaria in loco, quo est portus, nunc nova civitas est constructa, et a Christianis de Lumbardia per discordiam expulsis est inhabitata, qui habent ecclesias et fratres minores, ut Christiani viventes, licet tamen prius Christianis maxima damna cum Turchis intulerunt. Prope novam civitatem Ephesi est fluvius in modum Reni magnus, de Tartaria per Turchiam descendens; per istum fluvium, ut in partibus his per Renum ², varia et diversa deveniunt mercimonia. In eodem fluvio Turchi et falsi Christiani, dum contra Christianos intendunt pugnare, navigia et arma ac cibaria solent congregare. Ex hoc etiam fluvio Christianis multa damna evenerunt et detrimenta.

XIX. DE DIVERSIS MARIS INSULIS, IN PRIMIS DE RHODO.

De Epheso proceditur et navigatur ad multas et diversas alias insulas. Et est sciendum, quod in illa parte maris sunt plures quam septingentae ³ insulae, tam magnae, quam parvae, tam ab hominibus inhabitatae, quam desertae, quarum multae multas in se virtutes habent speciales, et quaedam omnibus bonis multum abundantes, quaedam fontibus et animalibus venenosissimis sunt repletae. Nam inter has insulas est parva insula habens fontem ferventissimum, ut

---

1. Zobalin *B.* Alabim *CFM.* — 2. *Entweder der Kayster oder der größere Mäander, jetzt Menderes, dessen Vergleichung mit dem Rheine die Heimath Ludolfs zeigt.* — 3. sexaginta *B.* sibentzig *M.* *Alle übrigen haben die Zahl 700, so übertrieben sie auch ist.*

ollam bullientem, et tam venenosum, quod avis moritur etiam trans-
volando. Prope hanc insulam est alia parva insula vix habens in
gyro duo miliaria, in qua parva stat ecclesia. In hac insula tot sunt
cervi et alia animalia silvestria, quod eis vix ad inhabitandum sufficit terra. Ad hanc insulam quadam vice socii mei applicuerunt et
in ipsa ecclesia lanceas, scuta et balistas et quam plurima arma et
cibaria de ferⁱnis sicca invenerunt, quæ ibidem piratæ et raptores
maris, sicuti despoliabant, deportabant et ibidem reservabant, iidem-
que socii per totam diem raptores exspectabant et venabantur et
nil proficiebant, sed ex casu unus eorum de vespere inter duas rupes sedebat et superveniente cervo [1] casu, gladio dextrum pedem
eius amputavit uno ictu et sinistrum vulneravit, et capto cervo re-
cesserunt. Prope hanc insulam est alia parva insula, in qua non
sunt aliqua animalia nisi asini silvestres, qui multum delectabiles
sunt venari, non tamen habent, ut ceteræ ferinæ, carnes bonas ad
comedendum. Non longe ab hac insula est alia valde bona nomine
Peyra, in qua tribus modis lapis, qui dicitur Alun [2], in maxima quantitate invenitur. Itaque ab inde per totum mundum deportatur. Hanc
insulam cives ianuenses non longo tempore elapso Turchis violenter abstulerunt et ipsam et eius episcopatum in statum pristinum
bene per omnia reformaverunt. Hæc insula est prope Turchiam;
itaque inter eas est pons, per quem Turchi nullum voluntarie transire permittunt, sive sit inter eos pax, sive guerra, tam odiose ipsam
insulam amiserunt. De aliis omnibus insulis longum esset enarrare.
His omnibus dimissis iterum ad littora Asiæ minoris seu Turchiæ
navigatur et pervenitur in Patheram civitatem quondam nobilem
et pulcherrimam, sed nunc per Turchos destructam. Ex hac civitate sanctus Nicolaus pius pontifex fuit ortus. De Pathera navigatur et pervenitur in aliam civitatem quondam etiam nobilissimam,
sed nunc destructam, nomine Mirrea [3], in qua gloriosus pontifex
Nicolaus in episcopum mirifice est electus, qui totam patriam illam
quam plurimis virtutibus et miraculis illustravit. De Mirrea, si placet, navigatur et pervenitur ad insulam valde bonam et nobilem et
ab antiquo regnum per se, nomine Creta, quæ tamen non habet
multas munitiones nec civitates, sed maior eius civitas Candea vo-

---

1. *So ist diese Stelle zu lesen, in den* codd. *und* edd. *steht falsch:* super-
veniens cervus. — 2. Alon *CFM.* — 3. *Myra in Lycien, eben so, wie Patara.*

catur. In huius insulæ maiori parte salvia pro lignis crematur. Hanc insulam cives venetiani Græcis violenter abstulerunt. De Creta navigatur ad insulam aliam multum nobilem et pulchram, sanam et delectabilem, quæ olim Colos dicebatur et habet metropolitanum, qui colocensis dicitur. Ad hanc insulam sanctus Paulus scripsit epistolas [1]. Nunc vero ipsa insula Rhodus vocatur, ob septimum mundi clima, in quo ipsa insula solummodo est situata, et ipsum clima ibidem dividit et distinguit. Ex hac insula primo evenit destructis nobilissimæ civitatis Troiæ. Nam dicebant, ibi esse arietem aureum vellus habentem, ut in historiis Troiæ plenius continetur. Hæc insula Rhodus est multum pretiosa et montosa et in optimo aere sita, animalibus silvestribus, quas damas vocant, multum abundans. Etiam de quacumque parte in mari navigantes per Rhodum, vel iuxta Rhodum oportet pertransire. In hac insula est civitas nomine Rhodus vocata, pulcherrima et fortissima, muris excelsis et propugnaculis inexpugnabilibus ædificata cum lapidibus tam grandibus, quod inauditum esset dicere, ipsos manus humanas posuisse. Hanc insulam magister et fratres hospitalis sancti Ioannis ierosolymitani, Acon perdita, Græcis [2] abstulerunt violenter, et quatuor annis obsederunt; tamen numquam civitatem cepissent, si habitatores per munera allicientes [3] sibi non attraxissent, et ipsa insula sponte reddita fratres iidem ordinis sui caput ibidem posuerunt et ibi habitant in præsentem diem. Et sunt ibidem trecenti et quinquaginta fratres et magister ordinis, qui temporibus meis fuit, Elyonus [4] de villa nova vocabatur, multum senex et parcus, qui infinitos thesauros congregavit et multa in Rhodo ædificavit, ordinemque ab incredibilibus debitis liberavit. Hæc insula apud Turchiam ad clamorem hominis est sita, brachio maris medio, et totam circa terram et Turchiam pro tertia parte proventuum habet sub tributo [5]. Etiam fortissimum in Turchia parvum habent castrum. Cum

---

1. Der Koloßus von Rhodus und die Stadt Koloßä in Phrygien werden hier seltsam in Verbindung gebracht. Die gesunde Lage der Insel war den Alten wohl bekannt. — 2. Der Großmeister Wilhelm von Villaret, nach fruchtlosen Unterhandlungen mit dem Kaiser Andronicus II, erstürmte 1310 Rhodus. — 3. So B. In A und C per munera et alliciones. — 4. Elienus B. Helion de Villeneuve war Großmeister von 1327 bis 1346. Unter ihm kämpfte Dieudonné de Gozon mit dem Drachen, der in der Würde ihm folgte, von 1346 bis 1353. — 5. So AB. In CFM fehlt dieser Satz.

reliquis Turchis iidem fratres treugas habent in terra, sed non in mari, nec in locis, quibus Christianis inferant damna. Et iidem fratres hospitalis aliam etiam prope habent insulam, nomine Lango [1], frumenti, vini, olei ac fructuum multum abundantem, et in ea degunt de Rhodo fratres quinquaginta. Etiam aliam habent ipsi fratres parvam insulam bonam et proficuam, Casteyl roys [2] vocatam, quondam per Turchos desolatam, sed nunc per ipsos fratres et suos stipendiarios bene inhabitatam, in qua est altissimum et fortissimum castrum. Ex hoc castro omnia navigia de quibuscumque partibus maris navigantia ad quinquaginta miliaria prope deteguntur, et tunc fratribus in Rhodo et in Lango et aliis circa Christianis in die cum fumo et de nocte cum flamma signant [3], quot in mari sunt navigia, et tunc fratres et Christiani secundum quod sunt navigia, ad resistendum et pugnandum se.præparant et disponunt. Illa insula Christianis est multum proficua. Nam postquam fratres ipsam insulam et castrum habuerunt, Turchi Christianis cum navigiis nulla damna intulerunt. Etiam ante tempus fratrum insula Rhodus et Lango et omnes insulæ et Christianorum terra circa tributum Turchis dederunt; sed nunc per dei gratiam fratres id in contrarium mutaverunt. Cum Turchi primum audierunt, Rhodum insulam per fratres sancti Ioannis subiugatam maximo congregato exercitu per solemnes legatos primum verbis blandis et pacificis tributum debitum a fratribus postulabant, exponentes quod cum fratribus libenter treugas et foedus vellent inire, sed omnibus modis tributum vellent habere. Tunc temporis non erat magister in ordine. Nam magister ordinis frater Phoka de Villeret [4] per fratres per discordiam erat depositus. Sed quidam frater de Basilea, qui tunc erat tutor ordinis, miles multum strenuus et honestus, respondit Turchis petens trium dierum deliberationem et inducias, quas Turchi libentissime dederunt, et exercitui eorum hoc mandaverunt [5]. Interea idem miles ordinis tutor quotidie et assidue cum Turchis epulabatur et omnem ipsorum exercitum, locum, statum, condicionem ac propositum ipsorum ab eis subtiliter investigavit: arma, homines et navigia, quotquot po-

1. Langho A. — 2. So B. In A steht Castellus, in CFM Castilies. — 3. significant B. — 4. Siluet B. In CFM fehlt der Beiname ganz. Der Großmeister Fulco von Villaret, gewählt 1308, dankte ab 1319 (1321), starb 1327. — 5. So BC. In A demandaverunt.

terat, interim congregavit, et tertia die fingens, se iturum et pugna-
turum contra Græcos, rogavit legatos Turchorum, ut cameram suam
intrarent, ne quidquam mali ipsis usque ad reditum suum a Christianis eveniret. Quod et legati fecerunt, et miles tutor ordinis,
positis eis custodibus sibi consciis, cum exercitu suo navigia et
mare intravit, et in ortu diei irruens super exercitum Turchorum,
ipsos omnes indifferenter, tam masculos quam feminas, iuvenes et
senes interfecit. Nam Turchorum et Tartarorum moris est, quocumque vadunt in exercitu, quod semper uxores et parvulos et
omnem eorum substantiam secum ducunt. Itaque fratres omnibus
illis interfectis et omnibus substantiis et pecoribus eorum receptis,
eadem die tertia cum ingenti gaudio ad Rhodum sunt reversi. Audivi a quibusdam, qui interfuerunt, quod tot spolia receperunt et
habuerunt, quod cum funibus retro navigia in mari spolia traxerunt.
Itaque his omnibus dispositis et ordinatis tutor ordinis legatos Turchorum vocavit dicens, quod fratres cum Turchis libenter vellent
treugas et foedus inire et ipsis tributum dare, et statim dimisit eos,
et eadem die, de omnibus ignari ad locum, in quo exercitum eorum
dimiserant, cum magno gaudio applicuerunt. Sed omnem eorum
exercitum recenter interfectum invenerunt, homines nudos, spolia-
tos et omnem eorum substantiam ablatam repererunt, et his visis
ad loca sua dolentes sunt reversi, ut prius gaudentes, ceteris Turchis, quæ acciderant, nuntiantes. Et postea Turchi et Tartari a
fratribus sancti Ioannis et a Christianis ibidem tributum non postulabant, usque in præsentem diem. Item in Rhodo multæ sunt reliquiæ venerandæ, inter quas est crux ærea, quæ de pelvi, ex qua
Christus discipulis lavit pedes, creditur esse facta, et cera ipsi impressa in mari multum valet contra tempestates. Hæc crux et aliæ
reliquiæ venerandæ, quas habent fratres sancti Ioannis, quondam
fuerunt Templariorum, quorum etiam iidem fratres habent omnia
bona et castra. De aliis Rhodi nobilitatibus et fratrum prædictorum
victoriis omnibus et singulis dicere, foret nimis longum. De Rhodo
vero navigatur in Cyprum.

XX. DE CYPRO.

Est autem Cyprus insula nobilissima et famosissima atque etiam
ditissima, omnibus maris insulis incomparabilis et omnium bonorum

præ aliis fertilissima, primo a Japhet filio Noe, ut legitur [1], inhabitata, super omnes alias terras, secundum quantitatem, excellentis-
sima et omnibus civitatibus maritimis, scilicet Aegypti, Suriæ, Armeniæ, Turchiæ ac Græciæ, ut cingulo circumcincta. Inter Cyprum
et has omnes per mare, ad maius, distantia non est una diæta, ut
postea audietis. Hæc gloriosa insula quondam fuit Templariorum
et ipsam regi Ierusalem vendiderunt, et terra sancta et Acon perdita et devastata, rex Ierusalem, principes, nobiles et barones regni
Ierusalem in Cyprum transtulerunt et ibidem habitaverunt et manserunt in præsentem diem, et per hunc modum Cyprus facta est
regnum. In Cypro tres sunt episcopatus, scilicet paphensis, nimo-
siensis [2] et famagustanus, et unus metropolitanus nicosiensis, qui
temporibus meis fuit frater de ordine minorum, nomine Helyas.
Hunc Clemens papa sextus promovit in cardinalem. Antiquior civitas Cypri est civitas paphensis, quondam nobilissima et maxima,
sed per continuos terræ motus nunc est quasi destructa, et est in
littore maris directe ex opposito Alexandriæ sita. Hanc civitatem
sanctus Paulus et Barnabas ad fidem Christi converterunt et ex ea
universa terra ad fidem est conversa, ut in actibus apostolorum [3]
continetur. Juxta Paphum quondam stetit castrum Veneris, et ibidem idolum Veneris adorare solebant et de longinquis partibus eius
limina visitare veniebant, et omnes nobiles domini et dominæ ac
domicellæ ad istud castrum conveniebant. In hoc templo primo de
perditione Troiæ fuit tractatum. Nam Helena tendens ad illud templum in via capta est [4]. Etiam ad hoc templum omnes domicellæ et
puellæ pro desponsatione et viris se voverunt. Propter quod in
Cypro præ aliis terris sunt luxuriosissimi homines naturaliter. Nam
si terra Cypri et specialiter loci, quo castrum Veneris stetit, capiti
dormientis supponeretur, ipsum ad libidinem et ad coitum per totam
noctem provocaret. Prope Paphum est locus, ubi sanctus Hilarius
degebat et multa miracula faciebat, et multa alia loca, in quibus
multi alii sancti degerunt, specialiter sanctus Zyzonimus et sanctus
Mamma [5], qui ortus erat de Alamania, quem Græci pro liberatione

1. I Mos. 10, 4. — 2. *Das ist:* limosensis *oder* nemesiensis. *Siehe*
den folgenden Abschnitt. — 3. Act. Apost. 13, 6. — 4. *S fügt hinzu:*
want Parys Ectors broeder ontforde se. — 5. *So A.* Zizanimus et s.
Mimia *B. In CF fehlt der erste Name, der zweite lautet* Manna, qui ortus
erat de Lucania.

apostematum devote et maxime communiter solent adorare et invocare.

XXI. DE VINEA ENGADI [1].

In eadem diœcesi paphensi sita est vinea Engadi, cuius similis non est in mundo. Hæc vinea est in altissimo monte sita, habens in longitudinem duo miliaria, undique rupe altissima ut muro circumcincta, et in una parte habet accessum artissimum et est desuper planissima per totum. In hac vinea varii et diversi generis crescunt vites et botri, quarum quædam producunt uvas in modum prunellarum magnas, et aliæ producunt uvas in modum pisarum parvas. Aliquæ vero vites producunt botros in modum urnæ magnos et aliæ botros parvissimos, et aliquæ vites producunt botros albos, aliæ vero nigros, aliæ rubeos, et aliquæ vites producunt uvas sine granis, et aliæ uvas in modum glandis oblongas et perspicuas et quam plurima alia genera botrorum et uvarum cernuntur in hac vinea. Hæc vinea quondam fuit Templariorum, sed nunc est fratrum hospitalis sancti Ioannis de Rhodo, et temporibus Templariorum semper centum sclavi, id est Sarraceni capti, erant quotidie in ea, quibus aliqua opera vel onera non imponebantur, nisi quod ipsam vineam mundarent et custodirent, et a pluribus valde expertis hominibus audivi, quod sub sole non sit pulchrius, nobilius et mirabilius clenodium, quod deus ad profectum hominis fecisset, sicuti etiam de ea legitur in canticis canticorum: Botrus Cypri dilectus meus in vineis Engadi [2]. Non remota a Papho est civitas nymociensis [3], quondam pulchra, sed nunc per sedulum terræ motum et ex aquis de montibus subito venientibus multum devastata. Hæc civitas in littore maris directe ex opposito Tyri et Sidonis et Baruth est sita. Hanc civitatem Templarii et fratres

---

1. *Engaddi oder Engeddi, eine Stadt der Amoriter, in der Nähe des todten Meeres, in balsam - und palmenreicher Umgebung. Vergl. Raumer's Palästina. S. 170. Aus der Stelle des Hohenliedes Cap.* 1, 13: Botrus cypri dilectus meus, in vineis Engaddi, *wo freilich die wohlriechende Staude* כֹּפֶר, *gr. κύπρος, nicht die Insel Kypros, gemeint ist, erhielt der cyprische Weinberg seinen Namen.* — 2. Cant. cant. 1, 13. — 3. *So die codd. Es sollte* limosensis *oder* nemesiensis *heißen.* Nemesus *oder* Limosus *war im Mittelalter ein Bisthum, ungefähr an der Stelle, wo früher Amathus lag.*

hospitalis sancti Ioannis, aliique nobiles et cives, Acon dum erat
perdita, inhabitabant, quorum adhuc multa palatia ibidem cernuntur
et castra. Prope Nymocium est alia vinea, parva Engadi appellata,
in qua etiam crescunt variæ et diversæ vites, quas homo amplecti
brachiis non potest, sed non sunt altæ nec multos producunt fructus vel botros. In hac etiam diœcesi degunt fratres domus Theutonicorum in loco dicto Pravimunt [1]. Etiam degunt in eadem Ang-
lici ordinis sancti Thomæ cantuariensis. In hac diœcesi est etiam
mons multum excelsus seorsum monti Thabor multum similis, in
cuius vertice est pulchrum monasterium, in quo sunt fratres ordinis
sancti Benedicti. In hoc monasterio est crux integra in qua latro
a dextris Christi pependit, quæ ibidem per sanctam Helenam est
delata, et hoc monasterium per ipsam est constructum et dota-
tum. Eadem crux ab omnibus in mari navigantibus, dum prope
montem sunt, devote salutatur, et etiam in eodem monte ob reverentiam dictæ crucis multa miracula deus operatur. Ex hoc
monte semper mons Libani aperte contemplatur.

XXII. CIVITAS FAMAGUSTA.

Tertia civitas Cypri Famagusta vocatur, quæ in littore maris
est sita, et ibidem totius maris et regni nunc est portus, etenim
mercatorum et peregrinorum ibidem necessario est confluentia.
Hæc civitas directe ex opposito Armeniæ, Turchiæ et Acon est
situata. Hæc civitas præ omnibus aliis civitatibus est ditissima et
cives in ea sunt ditissimi. Nam quidam civis eiusdem civitatis quadam vice desponsavit filiam suam, cuius clenodia capitis æstima-
bantur a militibus de Francia, nobiscum venientibus, esse meliora,
quam omnia regis Franciæ ornamenta. De hac civitate quidam
mercator vendidit Soldano pomum aureum regale, quod habuit
in se non nisi quatuor pretiosos lapides, scilicet carbunculum,
margaritam, sapphirum et smaragdum, pro sexaginta millibus
florenis, et tamen postea ipsum pomum pro centum mille floren's
reemendo repetiit, quod sibi fuit denegatum. Item constabilus hiero-
solymitanus quatuor habuit margaritas, quas uxor sua loco fibulæ
portabat, quas quandocumque et ubicumque voluit pro tribus milli-

---

1. Perrinunt B. *In CF fehlt der Name.*

bus florenis obligavit. In hac civitate in aliqua apotheca est plus de ligno aloe, quam quinque currus portare possent; de speciebus taceo; nam ibidem tam communes sunt, ut hic panes, et tam communiter efficiuntur et venduntur. Sed de lapidibus pretiosis et pannis aureis et aliis divitiis plus dicere non sum ausus, quia in istis partibus esset incredibile et inauditum. In hac etiam civitate degunt infinitæ ditissimæ meretrices, quædam plus quam centum millia florenos habentes, de quarum divitiis plus dicere non sum ausus.

XXIII. DE SALAMINA ET NICOSIA.

Prope Famagustam est alia civitas nomine Constantia vel Salamina [1] in littore maris sita, ad quam quondam regni fuit portus, et erat civitas nobilissima, famosissima et pulcherrima, ut eius testatur ruina. In hac civitate vir miræ sanctitatis, sanctus Epiphanius, in episcopum mirifice est electus et ibidem sepultus. Ex eadem etiam civitate sancta virgo Katherina fuit orta, in cuius nativitatis loco adhuc ibidem stat capella. In eadem civitate sanctus Barnabas apostolus martyrium fuit passus et prope eam crematus et ibidem in crypta sepultus. Hanc civitatem et totam terram circa sanctus Epiphanius multis illustrabat miraculis. Sed civitas nunc funditus est destructa. Item in Cypro est alia maxima civitas nomine Nicosia. Hæc civitas est metropolis Cypri [2] et est in medio Cypri sub montibus in loco planissimo et optime sano aere sita. In hac civitate propter aeris temperiem et sanitatem rex Cypri et omnes regni episcopi et alii prælati degunt, etiam omnes alii principes, comites, nobiles et barones ac milites habitant pro maiori parte, quotidie hastiludiis, tornamentis et specialiter venationibus insistentes. Item in Cypro sunt arietes silvestres, qui in aliis partibus mundi non inveniuntur, et cum leopardis capiuntur: aliter capi non possunt. Item in Cypro principes, nobiles, barones et milites ac cives sunt ditiores de mundo. Nam aliquis habens tria millia florenorum in reditibus minus, quam si in partibus istis haberet trium marcarum reditus, reputaretur. Tamen in venationibus omnia con-

---

1. *Constantin der große stellte die durch Erdbeben verwüstete Stadt Salamis wieder her. Seitdem hieß sie Constantia.* Malal. Chron. I. 12. —
2. Vn is eyn ertzestat, alsc hier to lande Colne is, *fügt S hinzu.*

sumunt. Nam cognovi quendam comitem de Iaphe, qui plures quam quingentos canes habuit venaticos, et semper duo canes, ut moris est ibidem, famulum habent specialem, qui ipsos mundos custodiat, balneet et ungat, quod ibidem canibus venaticis necessario oportebit. Item aliquis nobilis ad minus decem vel duodecim habet falconarios, sub specialibus stipendiis et expensis. Cognovi complures nobiles et milites in Cypro, qui commodius ducentos homines armatos, quam suos venatores et falconarios potuissent tenuisse et sustentasse. Nam euntes ad venationem habitant aliquando per integrum mensem in silvis ac montibus in suis tentoriis de loco ad locum vagantes et cum canibus et falconibus otiantes, et in silvis et campis in tentoriis dormientes, et omnia ipsorum necessaria et pabula in camelis et bestiis secum deferentes. Et est sciendum, quod in Cypro sunt omnes principes, nobiles, barones, milites et cives nobiliores, meliores et ditiores de mundo, qui ibidem cum liberis eorum degunt, et omnes isti in terra et in civitatibus Suriæ, Judææ et in nobili civitate Acon quondam degerunt, et ipsa terra et civitatibus perditis in Cyprum fugerunt et ibidem permanserunt usque in præsentem diem. Item in Cypro sunt ditissimi mercatores et cives, et non est mirandum, quia Cyprus est terra Christianorum ultima, itaque omnia navigia parva et magna et omnia mercimonia, etiam quæcumque sunt et de quacumque parte maris veniunt, semper primum in Cyprum necessario veniunt, quod aliquatenus non possunt præterire. Etiam omnes peregrinos de quibuscumque mundi partibus ad partes ultramarinas tendentes oportet venire in Cyprum et quotidie a solis ortu usque ad eius occasum ibidem audiuntur rumores et nova. Etiam in Cypro totius mundi audiuntur et loquuntur et in specialibus scholis docentur idiomata cuncta. Item in Cypro in montibus altissimis crescit optimum vinum contra radium solis. Illud vinum primo est rubeum et stans in olla fictili per quatuor, vel sex, vel decem, vel viginti annos, efficitur album, et dum tam diu stat, non minuitur, sed quotidie confortatur. Itaque communiter ad partem vini novem partes aquæ oportet apponi, et si homo dolium plenum de vino illo biberet, ipsum non inebriaret, sed interiora eius cremaret et annihilaret. Tamen ipsum vinum merum ieiuno stomacho bibere multum est sanum, et non sunt in mundo meliores et maiores potatores, quam in Cypro. Item in Cypro omnes arbores et herbæ, ut in terra sancta, crescunt. Item temporibus meis in Cypro multi nobiles, barones et milites de partibus Almaniæ decesserunt, scilicet comes de Vianden, comes de Swartenborgh et dominus de Sleyde [1], et nobilis de Lichtensteyn et alii complures. Item omnia loca maritima Turchiæ regi Cypri dant tributum, scilicet Candelor, Scalnun [2], Sicki et Satalia, et alia circa loca ac castra. In hac civitate Satalia tria perversa [3] hominum degunt genera, et ipsa civitas est tripartita muris et fossis divisa. In prima parte degunt Græci, a quibus dies dominica celebratur. In secunda parte degunt Judæi, a quibus sabbatum celebratur. In tertia parte degunt Turchi, a quibus feria sexta celebratur. In parte vero, qua degunt Græci, est imago beatæ Mariæ virginis in tabula depicta, quarum tres sunt in mundo, scilicet una Romæ, alia Constantinopoli et tertia Sataliæ, omnes unius longitudinis, figuræ et speciei. Has tres imagines beatus Lucas iuxta formam beatæ Mariæ creditur depinxisse, et ob huius imaginis reverentiam deus ibidem multa miracula operatur. De aliis Cypri mirabilibus divitiis et nobilitatibus longum esset enarrare.

XXIV. DE CIVITATIBUS MARITIMIS.

Sed ut redeam ad propositum meum, de Cypro navigatur ad quamcumque civitatem maritimam, id est supra mare sitam, Aegypti et Suriæ. Et sunt hæ: Alexandria, Tripolis, Baruth, Byblium, Japhe, Sidon, Tyrus, Acon. Sed antequam ad alia transeam, de his aliqua dicam, ut sciantur. Nam nunc ipsis omnibus alia nomina, quam olim habuerunt, sunt imposita, postquam toties terra sancta est perdita et recuperata. Etiam propterea de eis modicum dicam, ut sciatur, dum terra sancta per Christianos erat recuperata, quibus hæ civitates sorte fuerunt distributæ. Et est sciendum, quod omnes hæ civitates non distant a Cypro ad unam diætam. Igitur Alexandria est prima civitas Aegypti maritima et una de melioribus civitatibus Soldani, et est sita super fluvio paradisi Nilo, qui prope eam

---

1. *So B.* Sle *A.* Sledin *C.* Schleiden *F.* Dann *A* und *B* Lechtensteyne.
— 2. Saltinun *B.* Scabinir, Sicce *CF.* Es *ist wahrscheinlich, daß unter diesen Namen die Städte Kelenderis oder Kilindri, Selinus oder Selindri, Seleucia oder Selevke, und Attalia, sämmtlich an der Küste Kleinasiens in der Nähe von Cypern, zu verstehen sind.* Vergl. Spruner's *Atlas des Mittelalters,* Karte 61 *und* 62. — 3. *So die codd. und edd.* für *diversa.*

in mare incidit, ab uno latere, et ab alio supra mare. Hæc civitas est pulcherrima et fortissima turribus excelsis et muris inexpugnabilibus munita, ut videtur, et quondam a Christianis, nunc autem a Sarracenis inhabitata, et est intus mundissima, per totum dealbata, et in unoquoque platearum angulo habet aquæductus per fistulas currentes; a custodibus ad hoc deputatis diligenter civitas custoditur, ne quidquam immundi in plateis vel aquis ab aliquo proiiciatur. In hac civitate Soldanus milites habet stipendiarios et satellites, civitatem et portum custodientes. In hac civitate sanctus Marcus evangelista fuit patriarcha et ibidem martyrizatus, et ex ipso adhuc ibidem Christianorum patriarcha remansit. In hac civitate magna et pulcherrima adhuc integre stat ecclesia opere mosaico et marmore diversimode ornata, qua divinum officium ad preces Venetianorum quotidie agitur et celebratur. Multæ etiam ecclesiæ in Alexandria adhuc remanserunt, in quibus multa sanctorum corpora quiescunt. Etiam multi Christiani et mercatores ibidem degunt. Hæc civitas humano visui inexpugnabilis videtur et tamen faciliter esset capienda. De quo mihi plus dicere non est cura. Hæc civitas, quæ olim dicebatur Alexandria, nunc ab incolis vocatur Iscandria. Prope Alexandriam est locus, quo sancta Katherina fuit decollata et ab hoc loco ad montem Sinai ab angelis deportata, et distat decem et octo diætas vel circa, et quam plurima sunt ibidem loca sancta et oratoria gratiosa. Non remote ab Alexandria est quidam vicus, cuius inhabitatores omnes sunt Sarraceni mechanici mactas [1] mirifice et diversimode facientes et subtilissime operantes. In hoc loco seu vico pulchra parva stat ecclesia, in qua parva est spelunca. In hac spelunca sanctus Ioannes Baptista creditur esse decollatus, et ipsa spelunca carcer fuisse putatur, et scitur propter situationem loci, qui ibidem distinguit Aegyptum et Arabiam. Hanc speluncam ibidem Sarraceni mechanici in maxima et diligentissima habent custodia et reverentia, lampadibus et luminaribus illuminantes, et quivis præ alio maiores reverentias prout poterit ecclesiæ et speluncæ exhibet speciales; nam firmiter credunt et dicunt, esse expertum, quod si ipsam ecclesiam in tanta non haberent reverentia et per unam noctem non illuminarent, statim glires de terra exirent et totum opus mactarum dilaniarent et adnihilarent, et dicunt ibidem,

---

1. Mattas *C.* Von Bintzen geflochten Decke *F.*

quod quicumque ecclesiæ prædictæ et speluncæ maiores reverentias exhibeat, quod melius illi in opere succedat. Hic locus, quo nunc stat ecclesia, olim in arabico Metharonta [1] vocabatur. Prope Aegyptum prima civitas Tripolis vocatur et est super mare in pede montis Libani sita, et est comitatus et terra sancta nuper a Christianis recuperata comiti de Tholosa sorte erat in distributione devoluta. Hæc terra seu patria graminibus, pratis, pascuis, herbis, arboribus et fructibus præ aliis est nobilissima et uberrima circum terris, et specialiter amœnissima. Itaque præ aliis terris dicitur alter paradisus et humana mente incomprehensibili amœnitate. Hanc terram seu comitatum fons hortorum pertransit, qui ibidem de Libano, de altissimo montis cacumine cum horribilissimo impetu descendit; itaque per unum miliare sonus auditur, et stans aliquis prope ultra triduum surdus efficitur. Similiter hanc terram seu comitatum pertransit puteus aquarum, qui ibidem oritur, et est fons ex terra plana semper ebulliens et numquam diminuens in omni forma et quantitate, in civitate Paderburnensi fonti, qui Padere dicitur, per omnia similis. Et ex his duobus fluviis, scilicet fonte hortorum et puteo aquarum, universa irrigatur terra. Hi sunt fluvii de quibus legitur [2]: Fons hortorum, puteus aquarum, qui fluit impetu de Libano. Et est sciendum quod mons Libani est multum longus et in aliquibus locis est multum altus, et secundum iudicium meum monti, qui in partibus istis Oysningh [3] dicitur, per omnia similis, et pertendit se ab initio terræ promissionis usque Ciliciam, et est mons plenus omnibus amœnitatibus arborum, fructuum et herbarum, quas humanum cor poterit excogitare. Item ipse mons multis et infinitis casalibus et villis est repletus, in quibus omnibus degunt Christiani ad ritum Latinorum se habentes, et quotidie passagium Christianorum affectantes, et multos ipsorum episcopos more Latinorum vidi consecrari. Item est sciendum quod illa terra, ad quam hic mos se pertendit, quæ olim Cilicia dicebatur, nunc Armenia minor vocatur. Nam Armeni Sarracenis ipsam terram vio-

---

1. Macheronta *CF.* — 2. Canticum cant. 4, 15: Fons hortorum, puteus aquarum viventium, quæ fluunt impetu de Libano. *So die Vulgata. Diese Quellen sind noch heute sehr waßerreich. Vergl. Robinson's Palästina III. 663.´* — 3. *Paderborn, die Quelle der Pader, das Gebirge Osning, das ist der Teutoburger Wald, bezeichnen die Heimath Ludolfs. Übrigens lieset B Osnink, CF Osniach.*

lenter abstulerunt, et quingentis annis sine intermissione cum ipsis guerras et discordias habuerunt. In hac terra gloriosa civitas Tarsus [1] est sita, de qua sanctus Paulus apostolus fuit ortus. Sed ut redeam ad propositum, est alia civitas maritima, quæ Baruth vocatur, competenter adhuc inhabitata et terra sancta recuperata per Christianos in portionem domini de Starkenbergh [2] fuit devoluta. Huius civitatis imperator meminit in prologo digestorum [3], et ibidem quondam maximum viguit studium generale. In hac civitate pulchra stat ecclesia in honorem sancti Nicolai facta, quæ a Christianis in maxima habetur reverentia. Hanc civitatem sanctus Georgius ad fidem Christi convertit et prope eam draconem interfecit, eiusdem civitatis regis filiam a dracone liberavit, et totam terram illam multis miraculis illustravit, et adhuc lacus draconis aperte videtur. Ad hanc civitatem omnium peregrinorum versus Ierusalem tendentium communis est transitus et confluxus. Non remote ab hac civitate est alia civitas fortis et bene munita Byblium vocata, quæ terra sancta recuperata in portionem militis dicti de Emple [4] fuit devoluta. De hac civitate legitur in libro regum: Porro Byblii portabant ligna etc. [5] Et illa civitas, quæ tunc Byblium vocabatur, nunc Ghiblet [6] dicitur. Non remote ab hac civitate est alia civitas maritima Iaphe vocata et adhuc competenter inhabitata. Ad hanc civitatem quondam fuit peregrinorum communis transitus; sed Soldanus modicum ante tempus meum metu regis Franciæ eius portum fecit devastare. Hæc civitas duas alias pulchras sub se habet civitates, scilicet Ramatham, unde ortus fuit Samuel [7] propheta, et Ascalonam. Distat Iaphe a Ierusalem ad tres diætas, vel circa, et

---

1. Tharsis *ABC.* — 2. Starkenburg *B.* — 3. *Die Worte sind:* Hæc autem tria volumina a nobis composita tradi iis tam in regiis urbibus, quam in Berytiensium pulcherrima civitate, quam et legum nutricem quis appellet, tantummodo volumus. Dig. Procem. §. 7. *vergl.* 9 *und* 10. *Übrigens fehlt diese Stelle in CF, findet sich dagegen in den beiden Berliner Handschriften AB.* — 4. *So ACF.* Empere *B.* — 5. Reg. III. 5, 18. *lautet in der Vulgata:* Porro Giblii præparaverunt ligna et lapides ad ædificandam domum. *Im Hebr. steht* Gibelim, *das man allgemein* (conf. *Gesen. im Lex.*) *auf Byblos bezieht.* — 6. Tibus *B.* *Der arabische Name Gibleth* (جِبْلَة) *ist noch üblich.* — 7. *Zu Ramathaim Zophim, auf dem Gebirg Ephraim, war Samuel geboren* (Reg. I. 1, 1.), *lebte dort, ward da begraben.* Vergl. Raumers Palästina, 3. Aufl. S. 197.

est Iaphe comitatus, et ille, qui comes est Iaphe, etiam est mar-
schalcus regni Ierusalem et dominus Ramatha et Ascalonæ, et ita
se in titulo scribit. Et ille, qui temporibus meis fuit comes Iaphe,
ipse et dux Henricus de Brunswick duas sorores habuerunt in con-
torales. Non remote a Iaphe est alia civitas maritima muris et turribus optime munita, sed totaliter deserta, Sydonis vocata, quæ etiam
terra sancta recuperata in portionem militis dicti de Neapoli [1] fuit
devoluta. Et illa civitas, quæ olim Sydonis vocabatur, nunc Sayette [2]
dicitur. Prope hanc civitatem est alia civitas maritima valde pulchra optimis turribus et muris bene munita et in mari per se quasi
insula mirabiliter sita, Tyrus vocata, sed nunc quasi deserta, quæ
terra sancta recuperata fuit domino Baldewino, fratri ducis Got-
fridi de Boliun [3], in portionem devoluta. Et illa civitas, quæ olim
Tyrus dicebatur, nunc Sur [4] vocatur. Inter Sydonem et Tyrum
pulchra stat ecclesia in loco, quo illa mulier chananæa clamabat
ad dominum, ut testatur evangelium [5] dicens: Egressus inde Iesus
recessit in partes Tyri et Sidonis, et ecce mulier chananæa etc.

XXV. DE GLORIOSA CIVITATE ACON.

Prope Tyrum ad unam diætam in littore maris Acon illa gloriosa civitas est sita, ad quam quondam peregrinorum et omnium
aliorum communis fuit transitus, et distat a Ierusalem ad tres parvas diætas. De hac civitate Acon antequam ad alia transeam, modicum dicere cogor; sed cogitanti mihi de statu eius magis libet
flere, quam aliquid dicere. Cuius enim saxeum pectus talis ac
tantæ civitatis ruina et interitus non emolliat? Est autem Acon illa
civitas gloriosa in littore maris (ut dixi) sita, ex lapidibus qua-
dratis sectis et extra consuetudinem magnis murata et turribus
excelsis et fortissimis, non ad iactum lapidis distantibus circumposita, et unaquæque civitatis porta intra [6] duas turres erat facta,
et muri erant tam ampli, quod unus currus alteri obvianti supra

---

1. *Eustach Grenier erhielt* 1111 *Sidon zu Lehen. Wilken, Gesch. der
Kreuzzüge,* II. 216—221. — 2. *So A.* Sargete *B.* Sagecta *C.* Sagette *F.
Jetzt Saida. Vergl. Robinson's Palästina, Th.* III. *S.* 696 ff. — 3. *So A.*
Bulyim *B.* Bolim *C.* — 4. *Die Oede und Verlaßenheit des heutigen* Sur,
im traurigen Gegensatz zur alten Herrlichkeit, schildert Robinson, Palästina,
III. *S.* 670 ff. — 5. Evang. Matth. XV. 21. — 6. *infra AC.*

murum commode cedere posset, ut sunt in præsentem diem. Et
ab alia parte infra terram civitas erat muris specialibus et pro-
fundissimis fossis munita, et diversis propugnaculis et defensioni-
bus ac vigilum commodis [1] diversimode ornata. Plateæ vero civitatis intus erant mundissimæ, et omnes domorum parietes altitudine erant æquales ex lapidibus sectis indifferenter facti, fene-
stris vitreis et picturis mirabiliter decorati, et omnia civitatis palatia
et domus, non ad aliqua inhabitantium necessaria fuerunt facta,
sed ad luxum humanum [2] et delectationem vitris, picturis, papi-
lionibus [3] et aliis ornamentis, prout quis poterat, specialius et
singularius erant præparata intus et exterius ornata. Plateæ civitatis pannis sericis ad solis umbram, vel aliis linteaminibus pulchris
erant coopertæ. In unoquoque plateæ angulo turris stetit fortissima, porta ferrea et catenis ferreis munita. Omnes nobiles in circuitu civitatis in castris fortissimis et palatiis habitaverunt. In medio
civitatis cives mechanici et mercatores, unusquisque secundum
opus suum in speciali platea, habitabant, omnesque inhabitatores
civitatis, ut quondam Romani, pro nobilibus et dominis se habe-
bant et gerebant, prout etiam erant. Primo igitur habitabant in ea
rex Ierusalem et sui fratres et alii quam plurimi de sua linea nobiles, principes Galilææ, principes Antiochiæ et capitaneus regis
Franciæ, dux Cæsareæ, dominus de Sur et dominus Tiberiadis,
dominus de Sayette, comes de Tripoli [4], comes de Iaphe, dominus
de Baruth, dominus de Iblin, dominus de Pysan [5], dominus de
Arsuf, dominus de Vaus et nobiles de Blansgarda [6]. Hi omnes
principes, duces, comites, nobiles et barones, coronis aureis ca-
pitibus eorum impositis more regali in plateis incedebant, et quivis quasi rex cum militibus, clientibus, stipendiariis et satellitibus,
vestimentis et dextrariis auro et argento miro modo ornatis, quivis
præ alio singularius et speciosius, et prout studiosius poterat ex-

---

1. *Die beiden letztern Worte fehlen in* CF. — 2. *So* AB. luxuriam
humanam C. — 3. *So* AB. vitreis picturis et aliis ornamentis CF. *Diese
ganze Schilderung von Ptolemais bis zu der Eroberung findet sich wörtlich
wiederholt in der um* 1435 *abgefaßten lateinischen Chronik des Prediger-
mönches Hermann Cornerus aus Lübeck*, bei Eccard, Corp. hist. med. ævi,
T. II. p. 941 seqq. *Hier heißt es*: vitreis et picturis mirabiliter ornatæ.
— 4. *A* metropoli. — 5. *A* Poysan. — 6. *A* Blansgarda. *C* Blansgarde.
Bei Cornerus, wo diese Namen ebenfalls sich finden, steht Blansgarda (p. 942).
Siehe unten zu Abschnitt XLIII.

cogitare, se ornabat, et omni die ludos, hastiludia et tornamenta ac varias deductiones et venationes et omnia genera deductionum ad militiam pertinentia exercebant, et quivis per se iuxta palatium vel castrum suum propriam habuit libertatem seu immunitatem [1]. Item habitabant in ea contra Sarracenos pro fide catholica magister et fratres militiæ Templi, milites in armis, magister et fratres ordinis sancti Ioannis ierosolymitani, milites in armis. Item magister et fratres domus Theutonicorum, milites in armis. Item magister et fratres sancti Thomæ cantuariensis, milites in armis. Item magister et fratres sancti Lazari, milites in armis. Hi omnes in Acon degerunt et caput ordinum suorum ibi habuerunt et dic noctuque cum complicibus eorum contra Sarracenos pugnaverunt. Etiam habitabant in Acon ditiores sub cœlo mercatores, de omnibus nationibus ibi congregati. Habitabant ibi Pisani, Ianuenses, Lumbardi, de quorum maledicta discordia civitas erat destructa; nam similiter pro dominis se gerebant. Etiam habitabant in ea ditissimi mercatores et diversæ nationes. Nam a solis ortu usque ad occasum omnia ad eam deferebant mercimonia. Etenim omnia, quæ in mundo reperiri poterant, ob nobiles et principes ibidem inhabitantes deportabantur mirabilia et monstra. De aliis nobilitatibus, mirabilibus et ornamentis Acon longum esset singulariter enarrare, nec homo posset plenarie recitare. Hæc est illa gloriosa civitas Acon, quæ olim Ptholomayda vocabatur, in qua Iudas Machabæus a Tryphone dolo fuit interfectus, ut in libro Machabæorum [2] continetur. Similiter hæc est illa civitas Acon, in qua erat idolum Beelzebub, dum Ochozias rex Israel cecidit per cancellos cubiculi sui in Samaria, et dixit ad servos suos dicens: Ite ad deum Accaron Beelzebub, et consulite, si evadere possim de infirmitate hac etc. ut in libro regum [3] plenius continetur.

---

1. emunitatem *ABC*. — 2. *Es kann nur die Stelle* I Machab. XII, 42 *bis* 48 *gemeint seyn, wo jedoch nicht Judas, sondern sein Bruder Jonathas, getödtet wird:* Ut autem intravit Ptolemaidam Jonathas, clauserunt portas civitatis Ptolemenses, et comprehenderunt eum et omnes, qui cum eo intraverant, gladio interfecerunt. *Judas war schon früher im Treffen gegen Bacchides gefallen.* I Machab. IX, 18. — 3. Reg. IV. 1, 2. *Aber Akaron, hebräisch Ekron, wo Beelzebub verehrt ward, ist nicht Accon, sondern eine der fünf Städte der Philister, nach Robinson das Dorf Akir. Vergl. Raumers Palästina, 3. Ausgabe, S.* 167.

XXVI. DE PERDITIONE CIVITATIS ACON.

Postquam dictum est de nobilitatibus et ornamentis Acon, nunc de interitu et ruina et causa perditionis eius modicum compendiose, prout veraciter a valde veridicis audivi qui bene recordabantur, enarrabo. Dum itaque, ut dixi, hæc mirabilia in Acon fierent et agerentur, tunc ex instinctu diaboli in Lumbardia maxima et odiosa inter Ghelphos et Ghebelinos discordia est orta, a qua Christianis omnia mala evenerunt. Eandem discordiam et partem habitatores Acon ii, qui de Lumbardia fuerunt orti, inter se habuerunt, et specialiter Pisani et Ianuenses, quorum ambæ partes in Acon potentissimæ [1] habitaverunt. Iidem cum Sarracenis foedus et treugas inierunt, ut eo melius inter se in civitate bella possent exercere. Sentiens hæc Urbanus papa [2], terræ sanctæ et Christianitati condoluit et duodecim milia stipendiariorum in subsidium terræ sanctæ et Christianitati transmisit, qui trans mare Acon venientes nil boni operabantur [3], sed die noctuque in tabernis locisque illicitis insistebant et mercatores et peregrinos in strata publica capiebant et deprædabantur et foedus rumpentes multa mala faciebant. Audiens hæc Melot Sapheraph [4] Soldanus Babyloniæ vir sagacissimus, in armis potentissimus et multum strenuus et sciens inhabitantium Acon odiosam discordiam, convocavit consilium suum in Babylonia faciens parlamentum conquerens, quod sibi et suis treugæ sæpissime essent fractæ et ruptæ, et inito ac habito super hoc consilio maximum exercitum congregavit, et ante civitatem Acon, nullo ob ipsorum discordiam sibi resistente, pervenit, secans et arefaciens omnes vineas et arbores, atque omnia viridaria et pomaria, quæ ibi erant amœnissima. Hæc videns magister Templariorum, miles valde prudens et strenuus, timuit interitum civitatis ob civium discordiam imminere. Habito super hoc fratrum consilio pro pace recuperanda, exivit obviam Soldano, qui amicus suus erat valde specialis, inquirens, si treugas ruptas pos-

1. *A* potissime. *BC* potentissimæ. — 2. *Urban IV herrscht* 1261—64. *Also ist nicht er, sondern Nicolaus IV*, 1288—92, *gemeint. Diesen nennt* Chron. Eq. Ord. Teut. p. 753. — 3. præparabant *A*. — 4. Moloch Seraph *B*. Niclos et Sapheraph. *CF. Im* Chron. Ord. Teut. p. 754: Melich Sapharaps. *Es ist Malek al Aschraf, der* 1290 *im November dem Seifeddin Kelawun gefolgt war. Wilken, Gesch. der Kreuzzüge*, VII. 734.

sent aliqualiter emendare, et obtinuit a Soldano, quod ob amorem suum et honorem Soldani quilibet homo in Acon cum uno denario venetico treugas ruptas posset emendare, et sic magister Templariorum gavisus recessit a Soldano et universum populum convocans ecclesiam sanctæ crucis intravit et faciens sermonem exposuit, qualiter a Soldano suis precibus obtinuisset, quod quilibet homo uno denario treugas ruptas posset emendare, ut cum hoc omnia essent pacificata et emendata. Et hoc per omnia fieri suasit, allegans, quod per civium discordiam maius damnum civitati posset evenire, prout etiam evenit. Quod audiens populus una voce clamabat, ipsum esse traditorem civitatis et reum mortis, et magister his auditis ecclesiam exivit et manus populi vix evasit, et Soldano responsum populi remandavit. Quod audiens Soldanus sciens [1], ob populi dissensionem nullam sibi in aliquibus fore resistentiam, tentoria fixit [2], et sexaginta machinas erexit, et quam plurimas minas sub muris fieri fecit et quadraginta noctibus et diebus sine aliqua intermissione civitatem igne, lapidibus, sagittis fecit oppugnare, quod quasi sagittis rigere videbatur. Audivi a valde honesto milite, qui tunc erat supra turrim, quod lancea, quam proiicere volebat de turre in Sarracenos, totaliter creparetur de sagittis, antequam de manu sua esset emissa. Erant tunc temporis in exercitu Soldani sexies centena milia [3] armatorum, qui se in tres turmas diviserant. Nam centum mille civitatem perpetuo oppugnabant, et illis lassis alii centum mille ad idem redierunt, et ducenta millia stabant ante portas civitatis ad bellum parati; reliqua ducenta millia ad alia omnia erant ipsis in supplementum. Tamen numquam portæ civitatis erant clausæ, nec erat diei hora, quin per Templarios et alios fratres ibidem commorantes contra Sarracenos essent bella dura [4]. Sed Sarraceni in tantum creverunt, quod centum mille ex eis interfectis ducenta millia redierunt. Tamen ex his omnibus civitatem non perdidissent, si se invicem fideliter iuvassent. Nam dum extra civitatem pugnabant, una pars alteram sponte interficere permisit et fugit. Intra civitatem vero

---

1. sentiens *C.* — 2. fecit *C.* — 3. *Über diese ungeheuern Zahlen und den sagenhaften Charakter dieser ganzen Erzählung vergl. Wilken, Gesch. der Kreuzzüge,* VII. 737, *und meine Schrift „über ältere Pilgerfahrten" S.* 49. — 4. *So änderte ich statt* bellaturi, *was sich findet in A. Die andern* bella.

una pars altius castrum seu palatium vel plateam defendere noluit, sed partis adversæ castra, palatia et plateas sponte acquirere et debellari permisit et quivis castrum et plateam suam tam fortem sciebat et putabat, quod altius castrum vel plateam non curavit, et in tali discordia magistri et fratres ordinum se solummodo defendebant, et contra Sarracenos sine mora pugnabant, quousque quasi omnes erant interfecti. Nam magister et fratres domus Theutonicorum cum eorum complicibus et familiaribus omnes simul et semel una vice mortui remanserunt. Et dum hæc fierent infinitis bellis habitis et quam plurimis millibus [1] ex utraque parte interfectis, peccatorum eorum consummatione appropinquante et tempore perditionis civitatis, quadragesima die obsidionis eius adveniente, anno domini MCC nonagesimo secundo [2], die duodecima mensis maii, capta est flos, caput et decor omnium civitatum orientalium, illa nobilissima et gloriosissima civitas Acon. Et hoc audientes omnes inhabitatores aliarum civitatum, scilicet Iaphe, Tyri, Sidonis et Ascalonæ, relictis omnibus fugerunt in Cyprum. Dum primo Sarraceni Acon ceperunt, iuxta castrum regis Ierusalem per foramen muri intraverunt, et cum essent cum habitatoribus in civitate, adhuc una pars aliam defendere noluit, sed quivis per se de suo castro et palatio se defendit, et multo longius et peius Sarraceni potuerunt oppugnare et expugnare civitatem ab intra, quam ab extra, quia mirabiliter erat munita. Nam legitur in historiis de perditione Acon, quod, propter inhabitantium peccata, contra civitatem cum Sarracenis quatuor pugnabant elementa. Nam primo aer tam obscurus efficiebatur et turbidus ac nebulosus, quod dum unum castrum, palatium vel platea expugnaretur vel cremaretur, in aliis castris vel palatiis prope videri non poterat, quousque ipsorum castrum vel palatium expugnaretur, et tunc primo concorditer libenter se defendissent, si insimul potuissent convenire. Ignis contra civitatem pugnavit, quod ipsam consumebat. Terra contra civitatem pugnavit, quod eius sanguinem absorbebat et bibebat. Aqua etiam contra civitatem pugnavit. Nam quum esset in mense maio, quo mare tranquillissimum esse solet, et inhabitatores Acon aperte viderent, quod propter peccata eorum civitatem amitterent

---

1. militibus *C*. — 2. *So A. Falsch B* MCCLXXXVII, *und C* octuagesimo secundo, *was F nachschreibt.*

et per obscurationem aeris inimicos videre non poterant, tunc ad
mare fugerunt volentes in Cyprum navigare, et cum omnino nihil
venti in mari esset, tanta tempestas subito est exorta, quod alia
navigia parva vel magna littori non poterant appropinquare, et
quam plurimi volentes ad navigia natare sunt submersi. Attamen
plus quam centum mille homines in Cyprum evaserunt. Audivi a
valde honesto domino et ab aliis veridicis hominibus, qui inter-
erant, quod plus quam quingentæ nobilissimæ dominæ et domicellæ, filiæ regum et principum, captione civitatis iam instante in
littore maris iverunt et omnia ipsarum clenodia et ornamenta aurea
et lapidum pretiosorum inæstimabilis pretii in sinibus suis portabant, et alta voce clamabant, si aliquis esset ibidem nauta, qui
omnia ipsarum clenodia vellet recipere et quamcumque ex eis in
uxorem ducere, ut ipsas ad aliquam terram vel insulam securam
nudas duceret. Quas omnes quidam nauta in suam recepit navem,
et eas cum ipsarum bonis gratis perduxit in Cyprum, et recessit.
Unde vero vel quis aut quo ille venisset vel mansisset, in præsentem diem ignoratur. Quam plurimæ aliæ dominæ et domicellæ
nobiles erant submersæ et interfectæ. Qualis et quantus ibidem
tunc esset dolor et luctus, longum esset enarrare. Itaque dum
Sarraceni essent in civitate, antequam de castro ad castrum, de
uno palatio ad aliud et de una platea in aliam intus civitas expugnaretur, tot utriusque partis homines erant occisi, quod per mortuorum cadavera ut per pontem transierunt. Igitur tota civitate
intus acquisita, homines [1], qui adhuc in civitate remanserant vivi,
ad fortissimum castrum Templariorum fugerunt, quod statim Sarraceni obsidione undique vallaverunt, quod tamen Christiani per
duos menses fortiter defenderunt, et ibi omnes nobiles exercitus
Soldani et meliores quasi omnes mortui remanserunt. Nam dum
civitas esset combusta intrinsecus, adhuc turres civitatis detinebantur, et castrum Templariorum, quod erat in civitate, etiam
detinebatur, et his Sarracenis, qui erant in civitate, defendebant
egressum, ut prius ingressum, quousque omnium Sarracenorum,
qui civitatem intraverant; per ignem vel gladium unus vivus non
remansit. Et videntes omnes nobiles Sarraceni alios mortuos, et
se civitatem exire non posse, sub minas, quas sub maiori turri

---

1. omnes *C.*

castri fecerant, confugerunt, quousque murum perforarent et sic exirent. Templarii vero et reliqui, qui erant in castro, cum Sarracenis prope minas, sub quibus erant, lapidibus et talibus damna inferre non poterant, maiorem castri turrim suffoderunt et super minas et Sarracenos cadere permiserunt, et omnes mortui indifferenter remanserunt. Videntes reliqui Sarraceni, qui erant extra civitatem, quod sic totaliter iam quasi deficerent, cum Templariis et Christianis in dolo treugas inierunt ita, quod ipsum castrum redderent, assumptis sibi omnibus rebus et ipsum destruerent, sed civitatem sub pacto reædificarent et in ea, ut prius, pacifice habitarent. Quod credentes Templarii et Christiani castrum reddiderunt et exiverunt et de turribus civitatis descenderunt. Sarraceni habitis itaque castro et turribus civitatis omnes Christianos indifferenter interfecerunt et captos in Babyloniam perduxerunt. Et sic Acon vacua permansit et deserta usque in præsentem diem. In Acon vero et in aliis locis prope centum mille et sex millia hominum fuerunt interfecti et capti, et plures quam ducenta millia hinc inde evaserunt. De Sarracenis plures quam trecenta millia fuerunt interfecti, ut patet in præsentem diem. In obsidione civitatis Sarraceni fuerunt diebus quadraginta, intra civitatem antequam ipsam expugnarent, quinquaginta dies, in obsidione vero castri Templariorum per duos menses. Perdita itaque gloriosa civitate Acon omnes orientales posuerunt eius interitum in canticis lamentationum, ut eorum est consuetudinis super sepulchra mortuorum, lamentantes [1] pulchritudinem, decorem et nobilitatem Acon, usque in præsentem diem. Et ex illo die omnes mulieres, nobiles et ignobiles christianæ per totam plagam orientalem vestitæ sunt vestimentis nigris lamentationis et doloris super interitum decoris Acon, usque in hodiernum diem. Post hæc Sarraceni muros, turres, castra et palatia, ne a Christianis repararentur, per multos annos funditus evellere et destruere laborabant, tamen numquam in aliquo loco, nisi valde raro, ad stadium [2] unius hominis perficere potuerunt, sed omnes ecclesiæ, muri et turres et quam plurima castra et palatia quasi integra permanserunt, itaque per omnia in statum pristinum, dum deo placuerit, facillime sunt aptanda et recuperanda. Nunc autem circa sexaginta Sarra-

---

1. *So B.* lamentari *AC.* — 2. *So AC.* studium *B.*

ceni stipendiarii degunt in Acon, portum et civitatem custodientes, victum de bombyce et volucribus quærentes. Nam tot perdices et columbæ in Acon reperiuntur, quod omnibus volatilibus huius patriæ in visu non est comparatio. Iidem stipendiarii Sarraceni specialem ad Alamannos habent delectationem, quos statim in eorum visu et gressu bene cognoscunt, et cum eis secrete bene bibunt vinum, quod tamen eis prohibitum est ex lege. Et sic dictum est, qualiter gloriosa civitas Acon per discordiam est deperdita, et ex tunc omnis terræ sanctæ gloria, regum et principum et aliorum dominorum in Cyprum est translata, ut prius audivistis.

XXVII. DE GAZA ET AZOTO.

Sed ut redeam ad propositum, de Acon proceditur et pervenitur in Gazam, quondam Philistinorum civitatem pulcherrimam, nunc quasi desertam, cuius portas ferreas Sampson confregit et in montem secum detulit. Sunt inter Acon et Gazam XXIIII miliaria et cernuntur in itinere loca, quæ sequuntur. Sed antequam procedam ad alia, de civitatibus Philistinorum modicum enarrare propono. Huic civitati Gazæ circumiacet terra Palæstina, in qua quatuor maximæ civitates cernuntur stetisse, quæ tamen nunc ad parva casalia, id est parvas villas, sunt redactæ, exceptis duabus, scilicet Azoto ² et Ghet. Et est sciendum, quod illa terra, quæ olim Philistæa dicebatur, nunc Palæstina vocatur, et illa civitas, quæ olim Azotus, nunc Arsuf vocatur, cuius nobilem dominam sæpius bene vidi. Et illa civitas, quæ olim Ghet dicebatur, nunc Scandalium ³ vocatur, quod nomen Baldewinus rex Ierusalem sibi imposuit, dum eam ædificavit. Ex hac civitate Golias fuit ortus, quem David interfecit, et multa alia de hac civitate leguntur mira. Ex hac civitate omnes civitates et villæ, castra ac omnia loca maritima pro parte, de quibus supra dixi, infra terram bene ad quatuor miliaria fuerunt et sunt deserta. Nam dum primo terra sancta, Suria et Acon fuerunt perditæ, Sarraceni omnia loca maritima, de quibus dixi, civitates, villas et castra putabant pacifice

---

1. Achaso *CF.* — 2. Scandulum *B.* Scandalum *CF.* Scandalium, *südlich von Tyrus, von Alexander dem großen angeblich erbaut, ist nicht dasselbe mit Geth. Vergl. Raumer, Palästina, S. 123.*

possidere, tunc habitatores Ghet, sive Scandalium, erant homines
fortissimi et armis strenuissimi, et dicitur quod sit natura loci,
quod ibidem nascantur homines præ aliis feroces. Iidem habitatores Ghet, licet numero essent pauci, vix mille, sunt nobiles et
strenui, scientes totius terræ itinera et idiomata. Nam hinc inde
pro stipendiis cum armis vagari consueverunt et mores et consue-
tudines Sarracenorum cognoverunt, scientes introitum terræ et
exitum, et numquam pausantes, sed die noctuque, more Sarracenorum vestiti, subtus armati, incedebant et sine intermissione
ibant et navigabant, et dum erant inter Sarracenos, ut mercatores
Sarraceni, ibant, et cum eis civitates et villas ipsorum intrabant,
comedebant et bibebant, et se paulatim congregaverunt, et, dum
videbatur eis expedire, civitatem vel villam, in qua sic erant, ceperunt et combusserunt et Sarracenos interfecerunt vel vendiderunt. Et videntes Sarraceni, quod se de ipsis non poterant præ-
cavere, relictis civitatibus et villis abierunt, sed tamen raro evaserunt, et sic omnia loca maritima, civitates et villæ et alia loca
infra terram ad quatuor miliaria totaliter sunt vacua facta in præsentem diem. Audivi a veridicis hominibus, qui omnibus his interfuerunt, et adhuc est ibi publica vox et fama, quod ex prædictis
habitatoribus Ghet Sarracenos talis ac tantus timor invasit, quod
ad sex diætas mulieres infantes plorantes cum hoc nomine Scandalium obmutuerint. Etiam nullus alii in via ausus fuit obviare;
nam præ habitatoribus Scandalium plene se non poterant præca-
vere. Sed ut redeam ad propositum, prope Acon est fluvius non
magnus nomine Belen [1], arenam quasi vitream eiiciens, quæ ad
longinquas partes deportatur. Item non longe ab Acon est alius
fluvius, cuius ab una parte serpens, vel aliquid venenosum vivere
non potest, sed ab alia parte bene, et expertum est, quod serpentes trans fluvium proiiciebantur et statim moriebantur.

XXVIII. DE MONTE CARMELI.

Item iuxta Acon a dextra ad tria miliaria non longe a mari
est mons Carmeli, qui est planus et spatiosus et desuper pulcher-

---

1. Belon *B.* *Es ist der Belus, dessen Glasfabriken Plinius und Taci-*
tus erwähnen. Plin. H. N. XXXVI. 65. Tacit. Hist. V. 7.

rimus, multis herbis et amœnitatibus decoratus. In hoc monte
Elias propheta degebat ct multa mirabilia faciebat. In hoc etiam
monte ad verba sua principes quinquagenarii per regem Israel
Ochoziam per ignem de cœlo sunt combusti [1]. Etiam in hoc monte
oravit, ut non plueret super terram, et non pluit annis tribus et
mensibus sex, ut in libro regum [2] continetur. In eodem monte
pulcherrimum stetisse cernitur claustrum in honorem sanctæ Mariæ
factum, et fratres, qui ex ipso originem sumpserunt, Carmelitæ
dicti sunt in præsentem diem. Iidem fratres sunt mendicantes, et
in terra sancta quindecim pulchra cernuntur habuisse claustra. In
una parte montis est limpidus fons in mare discurrens, ex quo Elias
propheta bibebat, ct adhuc fons Eliæ vocatur. In alio pede montis
pulcherrima cernitur stetisse civitas Templariorum, sed nunc totaliter destructa, Cyphas [3] vocata. Non remote ab hac civitate est
parvus fons, qui pro una parte Iordanis est origo. In fine montis
Carmeli civitas pulchra fuit, sed nunc destructa, Iezrahel vocata,
ubi Iezabel Naboth vineam abstulit, et ibidem fuit præcipitata, ut
in libro regum [4] continetur. Iuxta hanc civitatem sunt campi Magdani, in quibus Iosias rex Iuda fuit interfectus [5]. Non remote a
monte Carmeli a sinistris olim pulchra civitas fuit sita, sed nunc
destructa, Sephora vocata et in monte sita, de qua sancta Anna
mater beatæ Mariæ fuit orta. De monte Carmelo transito quodam
flumine, qui Iordanis pro parte est origo, pervenitur in Cæsaream
Palæstinam, quæ quondam dicta fuit Dor [6], nunc Cæsarea Palæstina
vocata, sed funditus nunc eversa. In hac civitate pulchra ecclesia
de domo Cornelii, quem Petrus ad fidem convertit, fuit facta. Eadem civitas, terra sancta recuperata, in portionem cuiusdam militis de partibus istis [7], nomine de Horne, fuit devoluta, cuius generis adhuc temporibus meis vixit vidua, quam sæpius bene vidi

---

1. Reg. IV. 1, 9—14. — 2. Reg. III. 17, 1. *und* 18, 42: Elias autem
ascendit in verticem Carmeli et pronus in terram posuit faciem suam inter
genua sua. — 3. Cayphas *BC. Diese Stadt hieß Kepha, Kaipha, Haifa,
auch Porphyreon. Vergl. Raumer, Palästina, S.* 139. *Auch Sycaminum,
nach Robinson's Palästina, III. S.* 431. — 4. Reg. III. 21. — 5. Josias —
occisus est in Mageddo. Reg. IV. 23, 29. Paralip. II. 35, 22. *B lieset* Ma-
gadi, *C* magni. *Die Lesart des A* Magdani *scheint ein Adjectiv, wie* Ma-
geddani. — 6. *Dor war neun römische Millien von Cäsarea entfernt, zu
Hieronymus Zeit in Trümmern. Vergl. Raumer, Palästina, S.* 138. — 7. *Das
heißt: aus Westfalen, vielleicht aus dem Städtchen Horn, unweit Detmold.*

et de hac materia tractavi. De Cæsarea proceditur et pervenitur
in civitatem quondam pulchram, sed nunc desertam, Castrum peregrini vocatam, sed olim Assur dictam. Hanc civitatem Godefridus dux de Boliun [1], primus rex Ierusalem, Christianus, Templariis in sui memoriam donavit. De Assur seu Castro peregrini
proceditur et pervenitur ad civitatem bene pulchram et adhuc competenter inhabitatam, Ascolona vocatam. De Ascolona proceditur
et pervenitur in Ioppen civitatem antiquissimam et pulcherrimam
in littore maris sitam, cuius civitatis portum Ionas propheta intravit, dum a facie domini fugere voluit, et distat a Ierusalem fere ad
duas diætas, sed peregrini ibidem non poterunt portum applicare.
Non remote a Ioppe intra terram pulchra civitas est sita, olim nomine Ruma [2], sed Bael nunc vocata, et in loco pulcherrimo et de-
lectabili ac suavissimo situata, et non ab aliis, nisi a Christianis inhabitata, et creditur quod Iudæus vel Sarracenus in ea ultra annum
vivere non possit, vel morari. Ex hac civitate omnia vina, quæ
Christiani in Ierusalem et aliis locis bibunt, deportantur. Prope
hanc civitatem Ruma seu Bael pulchra civitas a sinistris est sita,
adhuc competenter inhabitata, nomine Diospolis et alio nomine
Lybden [3] vocata. In hac civitate sanctus Georgius martyr gloriosus
martyrium fuit passus et decollatus. Ibidem pulcherrima stat ecclesia opere mosaico et marmore bene decorata, in qua in choro
locus decollationis eius aperte demonstratur. His omnibus visis tunc
primo pervenitur in Gazam, de qua prius propter alias civitates Philistinorum modicum dixeram. Et sunt de Acon in Gazam omnibus
istis perlustratis quatuor diætæ. De Gaza proceditur et pervenitur
ad quoddam castrum in arabico Dar vocatum, quod est ultimum de
Suria eundo in Aegyptum et procedendo sic Ierusalem [4] relinqui-

---

1. *Gottfried von Bouillon belagerte Assur vergeblich. Balduin I eroberte
es. Vergl. Raumers Palästina, S. 133. Assur ist aber nicht Castrum peregrinorum, sondern Athlit* (عَتْلِيت), *das die Templer gegen die Räuber,
zum Schutze der Pilger, befestigten, und das 1291 nach dem Falle von
Acco gleichfalls verloren wurde. Robinson, Palästina, Th. III. S. 681. —
2. Ruina BC. Es ist Ramla, im neuen Testamente Arimathia, 4 Stunden
von Jaffa, 1 Stunde von Lydda. Raumer, Palästina, S. 197. 404. Robinson, Palästina III. S. 251 ist anderer Ansicht. — 3. Ibidem B. Bliden CF.
Es ist Lydda. Vergl. Raumer, Palästina S. 190. — 4. So BCF. In A
ist durch einen Fehler der Name ausgefallen.*

tur ad sinistram ad viginti miliaria, vel circa, et itinera non sunt
publica, sed bona ad videndum primum Arabiam et Aegyptum et
omnia, quæ sunt intra. De castro Dar proceditur in Aegyptum per
desertum arenosum in septem diebus. In hoc deserto quasi nullo-
rum necessariorum est penuria, excepta aqua, quæ tamen in utris [1]
et camelis bene deportatur. Per singulas diætas inveniuntur bona
Sarracenorum hospitia et, excepto vino, omnia necessaria.

XXIX. DE AEGYPTO.

Hoc deserto transito pervenitur in Aegyptum, in cuius introitu
sunt plurima pulcherrima et delectabilia loca omnibus bonis rebus,
quas humanum cor excogitare potest, et omnibus necessariis, excepto solo vino, plena. Et sic procedendo versus Babyloniam novam [2] pervenitur ad pulcherrimam villam et delectabilem, nomine
Belyab [3], et sic eundo, dimissis supra ripam maris Alexandria et
Damiata, proceditur per viam publicam et pervenitur in Carram [4]
et Babyloniam novam, quæ sunt duæ maximæ civitates parum distantes supra.fluvium paradisi Nilum sitæ. Et illa civitas, quæ olim
Carra dicebatur, nunc Alcayre [5] vocatur. In ipsa civitate olim
Pharao habitabat, quando persequebatur Hebræos. In hac etiam
civitate per Moysen et Aaron facta sunt prodigia et signa, de quibus testatur biblia. Prope Carram in monte non alto, sed petroso
est palatium Soldani et quam plurima alia monstra et mirabilia. In
his duabus civitatibus cernuntur enim specialiter elephantes et gry-
phandi [6]. Et est sciendum, quod Carra est maior, quam Babylonia,
et distant non ad duos tractus balistæ; Babylonia enim supra ripam
Nili est sita, sed Carra distat modicum a fluvio Nilo. Tamen maior
est Carra quam Babylonia; nam audivi a mercatoribus, quod Carram septies maiorem quam Parisios reputabant. In Carra sunt domus demissæ et bassæ in modum stuparum [7] factæ; in his sunt for-
naces, in quibus super fimum ponuntur ova, et ex tali calore pulli-

---

1. *Falsch C* vitis. — 2. *Neu-Babylon, eine Festung, von ausgewander-
ten Babyloniern, zur Zeit der persischen Könige, Memphis gegenüber, ange-
legt.* Strab. XVII. 1. — 3. Belliabi *B.* Beliab *C.* — 4. Tarram *CF.* —
5. *C falsch* Alcaria. — 6. *So B und C. In A* cyrpandi. — 7. *Italienisch*
stufa, *Badstube, Ofen.*

culi ex ovis efficiuntur et exeunt, quos dominus recipit et dat vetulæ ¹, quæ pulliculos in gremio alit et fovet, ut gallina sub alis,
et nutrit ac custodit, et sunt in partibus illis infinitæ vetulæ ², quæ
ex aliquibus victum non trahunt, nisi pulliculos sic alendo et cu-
stodiendo, propter quod ibidem tot sunt pulli, quod arenæ maris
possunt coæquari. Nam semel in septimana unus rusticus sæpe
quinque vel sex millia pullorum cum virga ante se ducit ad forum,
ut pastor oves, et sumit camelum vel aliam bestiam cum sportis,
quas in via ex ovis pullorum implet, et dum venit ad forum ad
pullos deputatum, numquam unum pullum amittit, nec umquam
pulli unius miscent se cum pullis alienis, quod tum est valde mirabile, cum tot millia pullorum in unum locum conveniant. Item iuxta
Babyloniam est locus specialiter fertilis et pascuis uberrimus, qui
olim Gessen vocabatur, quo patriarcha Iacob suadente Ioseph temporibus Pharaonis habitavit, ut narrant biblia ³.

XXX. HORTUS BALSAMI. ⁴

Item prope Carram versus desertum Syriæ est hortus balsami,
vix ad semiiactum lapidis magnus, non multum muratus nec munitus. In hoc horto sunt quinque fontes, virgulas et frutices balsami irrigantes, et unaquæque virgula seu frutex specialem habet
custodem, qui ipsas ut corpus suum proprium diligentissime custodit, purificat, mundat et irrigat. Virgulæ vero seu frutices ipsius
balsami non ad altitudinem duarum ulnarum ⁵ se extendunt, habentes folia ut trifolia. In kalendis Martii, tempore maturitatis eius
adveniente, diligentius ⁶ custoditur, et ipso iam maturo tunc virgulæ et frutices, ut vitis, scinduntur et vulnerantur et scissuræ et
vulnera ipsarum bombyce circumligantur, et ex illis scissuris seu
virgulis tunc balsamum ⁷, ut aqua ex vite scissa, stillat in bombycem vulneri virgulæ circumligatam, et sub unaquaque virgulæ scis-

---

1. antiquæ vetulæ *AC*. — 2. antiquæ vetulæ *AC*. — 3. I Mos. 45, 10.
47, 6. — 4. *Mit diesem Abschnitt über den Balsam stimmt fast wörtlich
überein der 24. Abschnitt des Büchleins des Johannes von Hildesheim, von
den h. drei Königen.* — 5. duorum cubitorum *B*. — 6. plus diligentius *AB*.
— 7. *Die* codd. *und C lesen* balsamus. *So immerfort. Dagegen Tacitus*
Hist. V. 6: Balsamum modica arbor: ut quisque ramus intumuit, pavent
venæ, fragmine lapidis aut testa aperiuntur; humor in usu medentium est.

sura et bombyce vasculum argenteum pendet, in quod stillet balsamum, speciale [1]. [Itaque arbor inscinditur, dum balsamum effluit;] et tunc temporis Soldanus Babyloniæ assidue personaliter est præsens in horto, et tam diligenter custodit, quod nulli alii, nisi ipsi soli, una gutta balsami fieri potest aliquo modo. Sed dum de longinquis partibus aliquorum regum vel principum nuntii vel legati veniunt, unicuique ipsorum dat parvum vitriolum, ad hoc specialiter factum, cum balsamo, quod tum pro maximo clenodio reputat se donasse. Postea vero omni [2] balsamo sic exstillato, tunc custodes virgularum summitates earum abscindunt, quæ sunt eorum, et ipsas in aqua bulliunt, et tunc balsamum, quod in summitatibus virgularum remansit, ut pinguedo ebullitur et natat super aquam ut oleum, et tunc cum cochleari recipitur et in aliquod vas mittitur [3], et per aliquod tempus stare permittunt. Et illud balsamum est etiam magni valoris, licet ita sit coctum, et est quasi rubri coloris nigredine mixta, sed balsamum crudum, quod sic naturaliter exstillat, est vinei [4] coloris. Et est sciendum quod balsamum crudum est nobilius clenodium de mundo, propter quod sancti patres ipsum in sacrum chrisma mittere constituerunt [5], et quæcumque caro cum balsamo crudo tangitur, numquam putrescit nec corrumpitur, et dum recenter exstillat, si gutta in manu ponitur [6], ab alia parte exsudat et manum penetrat. Item si quatuor vel quinque guttæ balsami crudi mittuntur in oculos hominis, qui ex siccitate vel senectute caligare, vel quocumque alio modo vellent perire, ex tunc oculi in ipso puncto, quo sunt, quando balsamum immittitur, perpetuo remanebunt, non peiorantur, neque etiam meliorantur, et ideo pro parte bene periculosum esset, attentare, nisi quis de oculis totaliter esset desperatus. Hoc bene patet in multis corporibus nobilium mortuorum antiquorum, quæ incorrupta totaliter sunt reperta, quod balsamo sunt peruncta. Item si cicatrix novi vulneris, dum se incipit applicare, cum dimidia gutta balsami semel de die in gyro cum calamo perungitur, pellem cicatricis in statum pristi-

---

1. *Hier folgen in A die Worte* Ut patet in figura huius arboris *und nach denselben eine colorierte Abbildung der Balsamstaude; sie hat drei große und drei kleine Zweige, an jedem derselben ein silbernes Becherchen, in dessen Mitte ein rother Fleck. Der eingeklammerte Satz nur in A.* — 2. *C fügt hinzu:* bono et vero b. — 3. *A* mittunt. — 4. *C* nivei. *In B fehlt dieser Satz.* — 5. *So AB.* consuerunt *C.* — 6. portatur *C.* portaretur *B.*

num reducit, nec difformitatem generat, et ibidem fuisse cicatricem
non videtur. Balsamum coctum est etiam bene multum nobile et
mittitur in sacrum chrisma; etiam multum valęt ad cicatrices vul-
nerum, ut dictum est, et specialiter multum valet, si homo caderet
ab alto, et si de ipso sumeret, totum corpus, quod intus esset cre-
patum, reformaretur et sanaretur. Etiam multum valet ad oculos,
ad carnem perungendam, ut non putrescat. Sed in omnibus et per
omnia non valet tantum, ut balsamum crudum; nam violenter ebullitur, et balsamum crudum naturaliter exstillat. Et est sciendum,
quod hortum balsami nulli omnino homines [1], nisi Christiani, colere
possunt nec custodire; si alii homines vero ipsum custodirent et
colerent, statim arefieret et periret, quod sæpius est expertum.
Et beata virgo Maria in loco, quo nunc est hortus balsami, habitavit cum puero Iesu, dum a facie Herodis fugit in Aegyptum, et
in fontibus in horto exeuntibus assidue linteamina et vestimenta sua
et Iesum lavavit; ideo in hoc loco balsamum crescere firmiter creditur, quod in aliis mundi locis, quod sciatur, non reperitur. De
aliis balsami virtutibus et nobilitatibus longum esset enarrare, nec
possum ad memoriam revocare. Temporibus meis cum reliquis
custodibus Christianis erant quatuor Alamanni, et unus de Swarten-
bergh [2] prope Erfordiam, qui interim renegavit, et quidam alius
monoculus nomine Nicolaus, qui fuit homo multum bonus, ut Christiani capti de eo testabantur [3], qui in Acon captus fuit; sed Soldanus propter bonitatem suam eum liberavit et gradus sui cubiculi custodem fecit [4].

XXXI. CHRISTIANI ET MONUMENTA VETERA.

Est etiam sciendum quod in Babylonia et Carra temporibus
meis fuerunt circa quatuor millia Christiani capti, exceptis parvu-
lis. Hi habent ibidem patriarcham, presbyteros et ecclesias et quam
plurimas sanctorum reliquias venerandas. Inter quas specialiter
habent corpus sanctæ Barbaræ virginis integrum [5], pro quo temporibus meis multorum regum et principum preces factæ sunt, sed
ob consolationem Christianorum captorum Soldanus numquam in

---

1. *AB* homini. — 2. *So AB.* Swarczburg *C.* — 3. *A* detestabantur.
B detinebantur. — 4. *AB* præfecit. — 5. *AB* integre.

uno membro minoravit. Et Christiani capti ibidem vigiliam beatæ Barbaræ, ut in partibus istis [1] vigiliam sancti Martini, cum gaudio deducunt, mittentes alterutris diversarum herbarum semina diversa. Item iuxta Babyloniam novam trans fluvium Nili versus desertum Aegypti stant quam plurima miræ magnitudinis et quondam pulcherrima monumenta, ex magnis lapidibus sectis facta, inter quæ sunt duo maxima et olim pulcherrima sepulchra quadrata. In quorum unius in uno pariete latine, in secundo pariete græce, in tertio hebraice in quarto vero [chaldaice] [2] multa, quæ ignorantur, sunt insculpta. Sed in primo pariete, quo scriptum est latine, in quantum pro vetustate discerni potest, hi versus sunt insculpti, qui sequuntur [3]:

> Vidi pyramides sine te, dulcissime frater,
> Et tibi quod potui lacrimas [4] hic [5] mœsta profudi
> Et nostri memorem luctus hanc sculpo [6] querelam.
> Sit [7] nomen Decimi Anni [8] pyramidis alta
> Pontificis comitisque tuis, Traiane [9], triumphis
> Lustra sex intra censoris consulis [10] esse.

Expositionem horum versuum discreti lectoris iudicio committo [11]. Hæc monumenta ab incolis horrea Pharaonis vocantur,

---

1. *In Westfalen und am Rheine wird der Martins-Abend mit allerlei Lustbarkeiten von der Jugend gefeiert.* — 2. *So A und B. In C fehlt* chaldaice, *was in der That beßer wegbleibt, da der unbekannten Hieroglyphen gedacht wird.* — 3. habent *C. fehlt in B.* — 4. lacrimans *F.* — 5. hæc *CF.* perfudi *C.* — 6. sculpta *B.* — 7. Sic *CF.* — 8. Anni *fehlt in C. B* lieset pyramidi. — 9. *So A.* Troiane *B.* Troiani *C.* — 10. Cæsaris consimilis *CF.* — 11. *Ich habe diesen räthselhaften Versen in dem Proömium zum herbstlichen Lectionsverzeichnisse der Akademie zu Münster* 1846 *eine ausführliche Besprechung gewidmet, damals ohne andere Hülfe, als Feyerabends Reisbuch, in welchem sich grobe Versehen finden. Jetzt, da die Berliner codd. beßere Lesarten an die Hand geben, lässt der Knoten sich eher lösen. Es scheint demnach in den drei ersten Versen eine Römerin ein trauerndes Ehrengedächtniss ihres Bruders zu errichten, der unter Trajan früh große Ehren, selbst das Consulat, erlangte. Den dritten beßere ich ganz leicht:* Scit nomen. *Im Jahr der Stadt* 860 *d. i.* 108 *nach Christo war Annius Trebonius Gallus Consul, und starb; denn es werden im Consular-Verzeichnisse consules suffecti angegeben. Vielleicht ist dies der Decimus Annius, der so früh, mit* 30 *Jahren, Pontifex, Begleiter Trajans im Kriege und Consul ward. Der Nom.* Pyramidis, *statt* pyramis, *darf uns nicht stören. In solchen fremden Namen gestattete man sich vielerlei.* Conf. Orell. ad Horat. Carm. III. 4, 9. *Unangenehm ist der Hiatus in* Decimi Anni. *Man könnte* Fanni *vermuthen.*

et quam plurima alia in Babylonia et prope cernuntur mirabilia, et ut a pluribus veridicis audivi et mercatoribus, qui assidue transierunt, ab hac Babylonia nova distat Babylonia antiqua, in qua fuit turris Babel, circa triginta sex diætas, in Chaldæa iuxta Baldach, inter septentrionem et orientem. Et est sciendum, quod dum in ipsis partibus per quinquennium assidue et continue cum omnibus hominibus, in quibus humanum sit idioma, die noctuque sim conversatus, quotidie de diversis inquirens, quibus omnibus eram informatus, tamen de antiqua Babylonia, in qua fuit turris Babel, numquam plus ab aliquibus viventibus discutere [1] potui, quam hic sequitur.

XXXII. BABYLONIA ANTIQUA SEU BALDACH.

In Chaldæa in oriente est civitas nobilissima et pulcherrima et ultra modum potentissima et nunc de omnibus civitatibus orientis melioribus una, et super fluvium paradisi Euphratem sita, Baldach vocata, prope quam ad dimidium miliare, vel circa, incolæ et inhabitatores terræ illius dicunt et credunt stetisse antiquam Babyloniam, quod etiam bene testatur maxima ruina et immensa congeries structurarum diversarum et lapidum, quæ a longe mirifice aspiciuntur [2] et specialiter in loco, quo Babel turris steterat, quo confusio labiorum fuit exorta. Etiam patet inaccessibili via inter ipsas ruinas et Baldach ob venenosa animalia et multa alia signa, ibidem Babyloniam antiquam stetisse, et ab incolis certissime creditur. Nam propter ipsa animalia venenosa civitas Babyloniæ antiqua est translata et alio nomine, scilicet Baldach, vocata. Nil aliud veri possum [3] dicere de Babylonia antiqua, nec umquam in partibus illis ab aliquibus hominibus potui investigare. In hac civitate Baldach sunt nunc ditiores et meliores sub cœlo mercatores, nec in aliquo loco orientis tot, ut ibi, nec tam multa et diversarum rerum mercimonia. In hac civitate Calipha, id est successor Machometi, cui Sarraceni, ut Christiani papæ successori sancti Petri, per omnia obediunt, quondam habitabat. De cuius civitatis Baldach perditione modicum dicam, prout in annalibus et historiis regum Armeniæ legi, et a valde veridico milite, qui interfuit, audivi. Anno domini MCCLXVIII, dum Tartari uni-

---

1. discernere *BC*. — 2. conspiciuntur *BC*. — 3. possunt *C*.

versa [1] regna orientis sibi subiugassent, Ayco [2] tunc rex Armeniæ
ad Chan [3] magnum imperatorem Tartarorum sponte se transtulit,
ipsum visitandi causa, qui ab eo benigne fuit receptus, pro eo
quod talis et tantus honor sibi fuit exhibitus, quod reges ipsum
voluntarie visitarent et sibi occurrerent, ob quod maxime fuit
gavisus et regem multis honorabat muneribus; et transacto tempore, dum rex Armeniæ ad propria redire voluit, imperatori pro
quinque petitionibus supplicavit. Primo quod imperator cum omnibus suis Christianus fieret; secundo quod esset perpetua pax inter
Tartaros et Armenos; tertio quod omnes ecclesias Machometi destrueret et ipsas in honorem dei consecraret; quarto quod daret
sibi auxilium quo terram sanctam recuperaret et Christianis red-
deret; quinto quod Baldach obsideret et Calipham successorem
Machometi et eius nomen destrueret et annihilaret. Has suppli-
cationes imperator libenter annuit et concessit et per omnia com-
plevit, excepta quarta petitione, quod terram sanctam recuperaret,
quod mors eius impedivit. Sed ad quintam petitionem, quod Baldach et Calipham destrueret, dedit in mandatis fratri suo Haloon [4],
qui tunc regnum Persarum subiugaverat, quod statim disposito
de regno Persarum et eius custodibus cum rege Armeniæ Baldach
obsideret, quod libenter adimplevit, et statim de Persarum regno
ordinato in Niniven civitatem magnam se transtulit, et per hiemem
solatio se dedit [5] et mense adveniente Martio cum rege Armeniæ
Baldach et Calipham obsedit, præcipiens quatuor capitaneis, quorum quilibet triginta millia Tartarorum sub se habuit, quod Baldach
sine intervallo oppugnarent, quousque civitatem caperent, quod
factum est. Nam civitatem die tricesima ceperunt, indifferenter
omnes inhabitatores iuvenes et senes interfecerunt, et tanta et
talia in auro, argento et lapidibus pretiosis et in aliis divitiis spolia
receperunt, quod inauditum est, umquam in aliqua civitate talia
ac tanta spolia invenisse et recepisse. Nam ex eisdem spoliis tota
Tartaria usque in præsens est ditata, nec adhuc in Tartaria est
aliquod vas aureum vel argenteum, quin ibidem de Baldach sit
delatum et deportatum. Interfectis itaque et acceptis omnibus Calipham vivum ceperunt et Haloon [6] præsentaverunt cum omni the-

---

1. *So AB.* diversa *C.* — 2. Ayo *B.* — 3. *So A.* Can *BC.* — 4. *So A.*
Halon *B.* Haalon *C.* — 5. *So AB.* ibidem permansit *C.* — 6. Halaon *B.*
portaverunt *C.*

sauro suo, qui tantus erat, quod Haloon inspicere expavit, et admiratus ad Calipham ait: Ex quo tu miser tantum thesaurum habuisti, quem inspiccre etiam expavesco? Cum eo totum mundum debellasses et tibi debuisses subiugasse. Quare tot stipendiarios non habuisti, qui civitatem defendissent? Calipha respondit: Malum consilium mihi hoc damnum intulit. Nam mihi dixerunt, quod etiam mulieres contra Tartaros civitatem bene defendissent. Et ait Haloon: Ecce, tu es Machometi successor et legis suæ doctor; nil mali audeo tibi inferre, nec decet te, ut ceteros homines vivere, nec ut alios homines comedere; nam Machometi lex et doctrina ex ore tuo procedit. Et iussit eum in pulchro palatio collocari et expandit [1] coram eo aurum et argentum, lapides pretiosos et margaritas dicens ei: Os, de quo tanta lex procedit et doctrina, decet talia pretiosa manducare. Calipha itaque clausus in palatio die duodecima mortuus fame est inventus, postea vero Calipha successor Machometi non surrexit in Baldach usque in præsentem diem. Nunc imperator Tartarorum dominium habet in Baldach, sed habitatores eius sunt Sarraceni sub maximo tributo viventes. Multa in partibus istis [2] audivi et legi de Baldach mendacia. Nam in partibus istis dixerunt valde breviter et in scṙiptis habuerunt, qualiter rex Baldach scripsisset ad dominos de partibus istis et invitasset et rogasset eos in Baldach ad hastiludia et tornamenta, quod valde falsum est. Non est aliquis homo, qui recordetur, in Baldach umquam fuisse hastiludia et tornamenta; nam aliis intendunt et insistunt. Prope Baldach ad quatuor diætas est alia civitas, quæ olim Susis [3] vocabatur, in qua viguit Assuerus [4], et illa civitas, quæ olim Susis dicebatur, nunc Thaurus vocatur. In hac civitate est arbor arida, de qua dicitur, quod imperator Romanorum in ea clipeum suum pendere debeat. In hac civitate dicunt incolæ, quod nullus Iudæus vivere possit vel morari. Non remote a Thauris est alia civitas nomine Cambeleth [5], quæ etiam imperatori Tartarorum pertinet et dicitur, quod illa civitas sit ditior et melior, quam totum regnum Soldani.

---

1. *AB* expandens. — 2. *In Deutschland, oder überhaupt in Europa.* — 3. Susas *B.* — 4. Esth. I, 2. *wo* Susan *steht, nach dem hebr.* שׁוּשַׁן. *Dagegen* Neh. I. 1. *hat die Vulg.* Susis, *worauf unser Verf. deutet.* — 5. Cambaleth.

XXXIII. DE NILO FLUVIO.

Sed ut redeam ad propositum, igitur fluvius paradisi Nilus per Aegyptum, prope Babyloniam novam et Damiatam transit et prope Alexandriam in mare mediterraneum incidit, et est maior et latior Reno, et est multum turbidus, quia aliquando terram vel montes intrat et infra duo vel tria miliaria non apparet, tum iterum exit et iterum intrat, quousque venit in Aegyptum, tunc directe transit; habet optimos et pinguissimos pisces, et aqua eius est multum sana; quum hauritur, est calida, et in vase in sole posita fit frigida et multum bene digerit. Huius fluvii ortus numquam sciri potuit, nisi ut sacra de eo narrat scriptura [1], licet saepissime sit attentatum. Nam temporibus meis Soldanus habuit homines natatores, qui naturaliter in aqua ut pisces se poterant sustentare; iisdem Soldanus multa munera promisit, si ortum illius fluvii possent reperire et pro intersigno ramum viridem ligni aloe sibi deportare. Hi natatores aliquando exierunt et per tres vel quatuor annos non revertebantur, et aliqui in via moriebantur, et qui revertebantur dixerunt, quod finaliter de montibus cum tali ac tanto impetu descenderet, quod penitus nil perficere possent. In hoc fluvio est quoddam animal pessimum Cocodrillus [2] vocatum, et est fortissimum, saevissimum et velocissimum et circumhabitatoribus multum gravissima damna infert et iumentis, et ob metum eius periculosum est in Nilo navigare. Nam est animal multum magnum et vidi pellem cocodrilli, per quam bos commode transivisse potuisset. Audivi a quodam milite, qui fuit Templarius, quod quadam vice Templarii iuvenem cocodrillum ceperunt et sibi dentes evellerunt, qui lapidem, quem decem homines movere non poterant, caudae suae alligatum, solus traxit ad structuram. Ipsum tamen parvus vermiculus interfecit, qui, quocumque vadit, ipsum naturaliter odiose insequitur, se sponte cum aliis cocodrillum deglutire permittit et tunc cor eius perforans ipsum interficit. Etiam plurima alia animalia sunt in Nilo perniciosa.

---

1. Den Fluß Gehon, hebr. גִּיחוֹן im I Mos. 2, 13 hat man stets auf den Nil, der Aethiopien umfließt, gedeutet. — 2. Für crocodilus, nach dem ital. coccodrillo.

XXXIV. DE TERRA AEGYPTI.

Igitur terra Aegypti est multum locuples, delectabilis et amœna, et omnibus arboribus, fructibus, herbis, pratis et pascuis plus quam alia terra in mundo abundans. Longitudo eius sunt quindecim diætæ, latitudo vero tres diætæ, et ut audivi, quasi insula in tribus suis partibus desertis est circumcincta, in quarta eius parte mari Græciæ iungitur. Hæc deserta in strictiori parte sunt septem vel octo diætarum. Est patria Aegypti calidissima; itaque hiems ab æstate vix discerni potest et numquam vel raro deficiunt ibi rosæ et flores, sed numquam in ea pluit. Habitatores eius posuerunt duas columnas æneas, in quibus sunt signa. Unam columnam posuerunt in medio Nili prope Babyloniam, aliam in Nilo prope Alexandriam, et cum fluvius in tantum crescit, quod signa tangit in columnis, ex tunc in biennio non poterit esse caristia. Ex tunc Aegyptii ducunt aquas Nili per alveos et fossas ac meatus et discurrere faciunt per terram, agros, viridaria, pomaria et hortos, qui tunc per omnia reficiuntur et irrigantur, et dum itaque de nocte terra irrigatur, de mane frumenta et herbæ plus quam palmum crevisse reperiuntur. Et tunc Aegyptii per totam illam noctem iuxta aquas cum maxima lætitia vigilant, quousque tota terra est irrigata. Hic fluvius omni anno in mense Augusti ita crescere incipit et quotidie augmentatur usque ad festum sancti Michaelis, et abundare facit delectabilibus, amœnitatibus et fertilitatibus mundi terram desertissimam. Dum itaque Nilus crescit, tunc diversa arborum, herbarum et avicularum genera ab incolis cum retibus in ipso capiuntur, et specialiter lignum aloe et aviculæ, quæ papagoi dicuntur. Sed originem huius ligni aloe numquam homo potuit indagare. Videtur, quod sint ligna arida, quæ præ vetustate cadunt de montibus in aquam. Etiam tunc capiunt in Nilo ligna sithim [1], quæ ut alia ligna bene scinduntur, sed cremari non possunt. Sed hæ aviculæ virides papegoi cum ramusculis et lignis, in quibus resident, capiuntur, ut dixi; dicunt aliqui, quod nascantur in montibus Gelboe, quod falsum est; etiam dicunt, quod aquam sufferre non possint, quod iterum falsum est. Nam in insulis et in aqua nascuntur, et in mari ipsas natare vidi; sed

---

1. Sichim *B.* Sychim *C.*

non possunt frigus bene sufferre, et natando vel volando non possunt perseverare. Hic etiam fluvius Nili plures optimas insulas habet in se, satis et pluribus aliis bonis rebus abundantes [1] Item in Aegypto sunt innumerabiles pulli, qui in fornacibus et contra radium solis efficiuntur, ut prius audivistis. Similiter in Aegypto sunt innumerabiles perdices, plures quam omnia volatilia patriæ huius, et videtur hic valde mirabile, licet ibidem sit publicum. Nam aliquis villanus aliquando decem millia perdicum secum ad forum ducit, qui omnes tunc volant, et dum villanus in terra residet, secum pausant, et dum surgit manus insimul percutit et omnes iterum secum volant. Et si aliquos per aliquod spatium amiserit, sibilat cum fistula, et statim revertuntur, et dum pervenit ad civitatem ad forum volatilium, quotquot poterit, vendit, et quos vendere non poterit, iterum secum reducit. Item in Aegypto multa mirabilia de columbis videntur, et credo, quod in aliquo loco mundi non sunt tot columbæ, sicut in Aegypto. Nam ipsas capere non licet aliquo modo. Nam Soldanus et reliqui principes omnes legationes suas insimul agunt per columbas transportantes, unde in brevi de longinquis partibus sciunt nova et secreta. Item in Aegypto sunt innumerabiles ferinæ [2]; itaque vituli cervorum et capriolorum in itinere et in hortis, ut oves domesticæ, inveniuntur et a transeuntibus capiuntur et venduntur. Item in Aegypto adhuc quam plurima stant integra claustra et monasteria, ecclesiæ et eremitaria, sed tamen deserta, et optime depicta, sed pictura per Sarracenos est diversimode vituperata. Item in desertis Aegypti adhuc tot stant cellulæ et sanctorum patrum eremitaria, quod in aliquibus locis, ut credo, per duo vel tria miliaria, de uno ad aliud possit sagittari, et in quam pluribus adhuc degunt Indi Nubiani et Suriani, ad ordinem sancti Antonii et Macarii se habentes [3]. In his desertis deus per sanctos patres multa mirabilia est operatus, et specialiter in loco, qui Stichi [4] dicitur, per sanctos Antonium et Macarium, ut in vitis patrum continetur. In hoc deserto est locus sub altissima et artissima rupe, quo sanctus Antonius degebat, et ex illa rupe fonticulus effluit ad semiiactum lapidis currens in

---

1. *So lieset B diesen Satz, der in A lückenhaft ist, in C ganz fehlt* (satis *bis* abundantes). — 2. fermæ *C.* — 3. *So haben diesen Satz AB. In CF fehlt derselbe ganz.* — 4. Sithi *B.* Sichim *CF.*

sabulum, ut aqua fluida nivem intrat et ultra non apparet. Idem
locus a plurimis causa devotionis et delectationis visitatur, atque
etiam per gratiam dei et honorem sancti Antonii multæ infirmitates
ex ipso fonte sanantur et fugantur. Nam eius specialibus precibus
ex rupe creditur fonticulus effluisse, quod etiam bene patet, quia
non videtur plus fluxisse, quam ad modicum habitaculi sui et hor-
tulum suum irrigasse. De aliis· Aegypti nobilitatibus, fertilitatibus
et amœnitatibus longum esset singulariter enarrare. Sed ultra
omnia oves et capræ et huiusmodi bis in anno, pro maiori parte,
duplicem faciunt fœtum. Item in Aegypto tres maximæ civitates
super fluvium paradisi Nilum sunt situatæ, scilicet Babylonia nova,
Alexandria atque Damiata. Hæc civitas olim Rages dicebatur,
postea vero Edissen appellata, nunc Damiata vocatur. Ad hanc
civitatem olim Tobias misit filium suum ad Gabelum [1]. In hac
etiam civitate caput sancti Ioannis Baptistæ fuit absconditum et
repertum. In hac etiam civitate quondam corpus sancti Thomæ
apostoli quievit et deus per eum ibidem multa miracula faciebat.
In hac etiam civitate fuit epistola, quam Iesus misit Abaghar [2]
istius civitatis regi, ob quam nullus in civitate hæreticus vel infi-
delis per longum tempus morari poterat. Sed postmodo peccatis
exigentibus civitas erat profanata, et sic nunc omnia ad nihilum
sunt redacta. Nunc autem civitas de Nilo plus infra terram est
translata. Nam per sanctum Ludowicum regem Francorum et alios
Christianos fuit multoties recuperata et Sarracenis ablata. Sed
sanctus Ludowicus ibidem fuit captus, et pro ipsius redemptione
Sarracenis fuit civitas restituta, et quia Sarraceni audiverant, quod
non nisi Christiani in civitate morari poterant, civitatem ipsam ex
invidia ad alium locum transtulerunt. Nunc autem in civitate pro
maiori parte degunt piscatores, et ibidem quam plurimi cum na-
vibus conveniunt mercatores, pisces in maxima quantitate et optimo foro ementes, qui per totam terram deportantur. Multa etiam
de hac civitate leguntur mirabilia.

1. *Im offenen Widerspruche mit dem Texte der Vulgata*, Tob. V, 14:
Dixit itaque illi Tobias: Numquid poteris perducere filium meum ad Gabelum in Rages civitatem Medorum? *Sie gehen dann über den Tigris.*
Tob. VI. 1. *Man hält* Pelusium *für den alten Namen Damiettes. Dies
verwechselt Ludolf mit Edessa; daher der Irrthum.* — 2. Abagro *B.* Ab-
garo *C.*

XXXV. DE DESERTO ET MONTE SINAI.

Sed ut redeam ad propositum, de Carra et Babylonia procedendo pervenitur ad montem Sinai in duodecim diebus, quorum sex transeuntur per viam, quam iam narravi, bene inhabitatam, visis in ea multis [1], et sex diebus transitur per desertum, et in camelis et bestiis omnia necessaria, scilicet panem, vinum et aquam, carnes, bis coctum, racemos [2] et uvas passas, ficus et huiusmodi oportet deportari, et specialiter mattas, in quibus de nocte quiescant. Et est sciendum, quod cameli quotidie per ibi transeuntes omnes diætas et loca ad quiescendum apta præcise sciunt, et dum ad ipsa loca perveniunt, de vespere ruminando se super terram ponunt, et ultra non procedunt, significantes ibidem esse rectam diætam et locum quiescendi, et tunc ibidem pane et spinis pabulantur. Nam camelus facile contentatur et vix semel in triduo bibit, et si secundum eius grossitudinem deberet pabulari, nullus per desertum cum ipsis transire posset. Deserto pertransito pervenitur ad mare rubrum, et est sciendum, quod desertum non est aliud, nisi terra sabulosa et salsa et ex ardore solis aridissima, et montes eius et rupes salsissimæ, et rarissime aliquod viride in ipso reperitur. Tamen desertum in omnibus suis locis non est æque aridum, sed valde mirandum est, quod licet rupes eius et montes sint salsissimi, tamen fonticuli effluentes sunt dulcissimi et ad bibendum optimi, et iuxta hos fonticulos sunt gramina et herbæ et huiusmodi viridaria. Etiam iuxta eos reperiuntur sæpe vestigia leonum, vel draconum, vel aliorum animalium periculosorum et specialiter leporum. Hoc deserto pertransito in sex diebus et perlustrato pervenitur ad mare rubrum, ut dixi, de Babylonia veniendo. Mare rubrum optimos habet pisces et in maxima quantitate, et aqua eius non est rubra, sed terra eius et fundus est rubeus; desuper existenti aqua propter fundum apparet rubea, sed a longe eiusdem coloris est, ut alia aqua conspicitur, et est aqua limpidissima et clarissima, ita quod denarius in fundo ultra viginti stadia aperte videri potest, et tunc propter fundum rubeum et claritatem aquæ apparet ut vinum rubeum clarissimum. Et in

---

1. *Diesen Zusatz haben AB. In C fehlt er, so wie auch der nächste Satz dort nur theilweise steht.* — 2. rattino *B.*

eius littore multi coralli, lapides pretiosi et multa alia pulchra reperiuntur eiecta. Est mare rubrum in Arabia situm et tota terra in Arabia est rubra, propter cuius rubedinem omnia crescentia in ea et nata, exceptis hominibus, sunt rubea. Propterea ibidem aurum optimum in modum radicum tenuissimarum reperitur. Similiter in mari rubro sunt multæ insulæ, in quibus ligna rubea diversimode crescunt, inter quæ specialiter lignum brunselinum, quod hic brusilienholt [1] dicitur, reperitur. Mare rubrum non est magnum nec longum nec latum, figura triangulari formatum, et in loco, quo filii Israel transierunt, vix quatuor vel quinque miliarium est latum. In mari rubro est quoddam castrum Soldano pertinens, in quo nobiles captivi Christiani detinentur. Etiam ab hoc castro custoditur, ne aliquis Latinus, vel cismarinus [2], vel aliquis ab ista parte maris natus transeat in Indiam, ne de strenuitate et statu hominum partium cismarinarum [3] presbytero Ioanni vel Indis quidquam referant, vel litteras portent. Nam faciliter per mare rubrum in oceanum et Indiam navigaretur, si id castrum non obstaret. Sed Indi et mercatores orientales transire poterunt, quoties volunt. Tamen scio episcopos et dominos [4], qui per mare rubrum presbytero Ioanni semper de omni statu partium orientalium istarum et omnia nova mandabant. Huius castri habitatores faciunt semper retia magna de chordis, et in mare rubrum proiiciunt, et corallos, qui in mari in modum herbarum crescunt, connectere se retibus permittunt, et ultra dimidium annum cum corallis innumerabilibus et nobilissimis extrahunt et maximum lucrum pro nihilo consequuntur, et quam plurima per illud mare rubrum de India perveniunt mercimonia pretiosa, et tunc per illud brachium maris, quod ex mari rubro effluit, et per Nilum undique deportantur. Et ut dixi, eundo sic circa littus maris rubri pervenitur ad locum, ubi filii Israel per mare transierunt, Aegyptiis ipsos persequentibus, et sic eundo quam plurima rara et varia in littore reperiuntur. Sic multis montibus relictis et aliis mirabilibus visis pervenitur ad fontem Morach [5], ubi in transitu filiorum Israel aquæ erant amaræ et per

---

1. Brunzilienholt B. Presilienholtz CF. — 2. So AB. schismaticus C. — 3. transmarinarum C. — 4. So AB. In C ist der Satz verstümmelt. — 5. II Mos. 15, 23 steht in der Vulgata Mara, daher auch hier zu lesen scheint Marach, wie C.

inectionem ligni, nutu dei, dulces sunt effectæ. Eundo de Morach
per diversa loca et multis visis et relictis montibus, pervenitur in
Helym, ubi in transitu filiorum Israel erant septuaginta palmæ et
duodecim fontes aquarum [1]. Hic locus est pulcherrimus et uberrimus et multum amœnus. Iuxta hunc locum etiam plurimæ sanctorum patrum cellulæ cernuntur stetisse et eremitoria. Recedendo
de Helym pervenitur in desertum Sin ad montem Sinai. In pede
huius montis, in loco quo Moyses vidit rubum ardentem et flammis
non consumptum et deum de rubo se alloquentem, est maximum et
pulcherrimum monasterium constructum, plumbo coopertum et por-
tis ferreis munitum et per omnia bene firmatum, in quo sunt plures
quam quadringenti monachi græci, georgiani ac arabes, clerici
et conversi, non tamen in monasterio continui, sed hinc inde pro
negotiis monasterii dispersi et laborantes, et maximis laboribus
ipsorum et peregrinorum necessaria acquirunt, et peregrinis fidelissime impertiunt, et multum devote strictissime et castissime vivunt, archiepiscopo eorum et prælatis humiliter obedientes, sancte
et iuste in omnibus et per omnia viventes, et vinum raro nisi in
specialibus festis bibunt, carnes numquam comedunt, sed oleribus,
leguminibus, fabis et dactylis et huiusmodi herbis, cum aqua, aceto
et sale in uno refectorio absque mensali reficiuntur, divinum officium secundum ritum eorum devotissime faciunt die noctuque, et
per omnia vitam s. Antonii ducunt. Conversi vero et laici maximis
laboribus insistunt, in montibus carbones ardentes et dactylos de
Helym in maxima quantitate cum camelis et bestiis in Babyloniam
deportantes et vendentes, et ibidem tunc a mercatoribus et Christianis ibi degentibus et venientibus iisdem maximæ eleomosynæ et
dona largiuntur. Nam aliter tot homines in loco inhabitabili se non
possent sustentare nec tantas expensas tam largiter et benigne peregrinis erogare. Nam de Helym dactylos et ex montibus carbones
ultra duodenas diætas ducunt et vendunt, ut dixi. In hoc monasterio
pulcherrima stat ecclesia, quam intrinsecus mundissime servant et
diversis ac quam plurimis lampadibus et luminaribus illustrant, et
præcipue locum, ubi est maius altare, præ ceteris diligentissime
habent in reverentia. Hunc locum discalceati intrant et peregrinos

---

1. Elim II Mos. 15, 27.

intrare volentes discalceare se faciunt. Nam in loco, quo est maius altare, stetit rubus ardens, de quo deus ad Moysen dixit: Solve calceamenta de pedibus tuis, quia locus, in quo stas, sanctus est [1]. In hac ecclesia a dextris iuxta maius altare in loco plus alto stat quædam capsa alba marmorea, in qua caput et ossa gloriosæ virginis Katherinæ mixta et inordinate sunt posita et inclusa, de summitate montis Sinai ibidem translata. Hoc caput et ossa archiepiscopus et ceteri prælati monasterii cum thuribulis, candelis et ministris multum solemniter monstrant, et tunc Sarraceni ductores et camelorum et bestiarum custodes, qui cum peregrinis veniunt, devote supplicant, ut ossa tam mirabilia et sacra eis videre liceat et cum maxima devotione cum Christianis genu flectunt. Cum autem ossa sacra peregrinis sic ostenduntur, si tunc aliquis episcopus vel prælatus est inter ceteros peregrinos, ex tunc archiepiscopus vel maior monasterii prælatus recipit aliquod os sacrum in manum et quodam instrumento argenteo, in modum virgulæ facto, os fortiter fricat, et ex tunc oleum sicut sudor ex poris erumpit, et in capsa, in qua ossa sancta sunt inclusa, quædam concavitas in uno angulo est facta, in quam totum oleum, quod ex omnibus ossibus effluit, confluit et congregatur. In hac concavitate assidue est cochlear argenteum, quod prælatus, qui ossa monstrat, recipit, et parva vitreola oleo implet et unicuique peregrino parvum vitreolum cum oleo impertit. Etiam in hoc monasterio quam plurimæ aliæ sunt reliquiæ venerandæ, monachi vero monasterii, nisi esset ex speciali gratia dei, ex diversis causis ex instinctu diaboli se ibidem non possent sustentare. Quare non est aliquod odium inter eos, vel aliqua umquam discordia, sed sunt in gratia omnibus eos inspicientibus, tam Sarracenis, quam Christianis, et maxime.Soldano, qui dare consuevit eis maximas eleemosynas. Item pro ipsis laborantibus et quotidie per desertum transeuntibus aliquibus periculis et animalibus periculosis numquam sunt molestati, nec etiam per hiemem vel æstatem aeris intemperie, vel ferventissimo solis ardore non gravantur nec inficiuntur. Etiam, credo, specialissimam obtinuerunt gratiam, quod aliqua animalia immunda, ut muscæ, vespæ, crabrones [2], pulices et huiusmodi non poterunt ibi esse,

---

1. II Mos. 3, 5. — 2. scarbones *A.* crabones *B. Fehlt in C. Es sind Horniße.*

nec monasterii intrare septa. Et dixit mihi miræ conscientiæ eiusdem monasterii monachus, quod olim ex instinctu diaboli cum eis
ex permissione divina nihil plus mali inferre nequirent, quod tot et
tantas infestationes et molestationes atque aggravationes ab huiusmodi animalibus immundis habuerunt, quod etiam locum dimittere
cogitabant, sed unius monachi sancta ammonitione confortati deum
exorabant, ut pro sua misericordia talia animalia ab ipsis depelleret
et amoveret, quod et mox a deo obtinuerunt. Itaque de cetero de
talibus animalibus intra septa monasterii penitus nil perceperunt,
licet extra septa monasterii gravissima damna inferant hominibus
et iumentis. Etiam sæpius expertum est quod huiusmodi animalia
immunda viva intra septa monasterii portabantur et in momento
moriebantur. Hæc omnia iidem fratres sua sancta et iusta vita obtinuerunt. Nam peregrinis non serviunt pro dono vel avaritia, sed
omnibus ibidem venientibus quamdiu manere volunt omnia quibus
ipsimet utuntur, tam pauperi, quam diviti, tam parvo, quam magno,
gratis pro deo simpliciter et benigne tribuunt, et si aliquis ipsis,
vel uni eorum munus offerre vult, penitus respuunt et recusant, et
si aliquis reciperet, maximæ pœnitentiæ subiaceret. Item peregrinis recedere volentibus unicuique secundum diætas panes et fabas
et huiusmodi prout melius poterunt, æqualiter parvo et magno, diviti et pauperi, quousque ad habitationem humanam pervenerit,
benignissime gratis donant. Hi etiam monachi præ aliis festis, festum sancti Gregorii papæ in speciali habent reverentia; nam ipsos
temporibus, quibus præerat ecclesiæ, solus eleomosynis de thesauro
ecclesiæ sustentavit, et eos ibidem habitare confortavit, et ex illo
tempore ultra quadringenti permanserunt, quorum ante erant pauci.

Super hoc monasterio eminet mons Sinai, qui per plures gradus, ultra quam dici potest, laboriosissime ascenditur. In summitate montis stat ecclesia in loco, quo deus Eliam prophetam: Quid
agis hic, Elia? fuit allocutus, ut in libro regum [1] legitur. Prope
hanc est alia capella in loco, quo Moysi lex erat data, et apparuit
dei gloria. Ibidem quædam concavitas in durissimo lapide adhuc
apparet, in qua imago Moysis, ut in sigillo, est inscissa. In hac

---

1. Reg. III. 19, 9: Cumque venisset illuc, mansit in spelunca, et ecce
sermo domini ad eum, dixitque illi: Quid hic agis, Elia? *Es war auf dem
Berge Horeb, nach Vers 8.*

concavitate deus Moysen sua dextera protexit, dum in suæ maiestatis gloria pertransivit et ostendens se Moysi retro, dum faciem eius non potuit intueri. [1] In cacumine alterius altioris montis prope quandam profundam vallem ibidem corpus gloriosæ virginis Katherinæ ab angelis de Alexandria erat deportatum, et ab incolis eremitis mirifice repertum. Idem mons alio laboriosius ascenditur et visitatur, et in summitate eius nulla est capella et nullum oratorium, seu habitaculum, credo, quod propter difficilem ascensum non possit humanis manibus aliquid ibidem ædificari. Sed ibidem apparet locus, quo corpus sanctæ Katherinæ fuit inventum, ut homo lapidi humeris [2] sit impressus, et hic locus lapidibus est signatus. In hoc monte etiam deus multa mirabilia est operatus, quæ per omnia dicere, esset longum. Et est sciendum, quod mons Sinai omnes montes partium illarum altitudine excellit et, ut dixi, ultra quam dici potest, per quam plurimos artissimos gradus lapidibus exscissos laboriosissime ascenditur, et tunc versus Aegyptum nomen Sinai amittit, et Horeb vocatur. In eius cacumine omnes in gyro provinciæ commode perlustrantur et desuper præ aere homo valde mutatur: ab ipso diligenter perlustratur mare rubrum, Helym, locus, in quo filiis Israel pluit manna, et omnia alia circa loca. Subtus montem est pulchra planities, in qua Moyses pascebat gregem soceri sui Iethro, et ibidem vidit rubum ardere. In hac etiam planitie filii Israel contra Amalech pugnabant, dum Moyses extensis manibus orabat, et Iosue et Ur [3] eius brachia sustentabant. In hac etiam planitie filii Israel fecerunt sibi vitulum conflatilem de quo biblia testatur. In hac etiam planitie Nadab et Iabiu [4] ignis con-

---

1. II Mos. 33, 22: Cumque transibit gloria mea, ponam te in foramine petræ, et protegam dextra mea, donec transeam, tollamque manum meam et videbis posteriora mea: faciem autem meam videre non poteris. — 2. *So AB. Sinnlos C*: ut hominis lapidi h mōī *(d. i.* huiusmodi) sunt impressis. — 3. *Ein Irrthum.* II Mos. 17, 12: Manus autem Moysi erant graves: sumentes igitur lapidem, posuerunt subter eum, in quo sedit: Aaron autem et Hur sustentabant manus eius ex utraque parte. *In C sind beide Namen ausgelaßen.* — 4. *Nadab und Abiu, die Söhne Aarons, hatten unreines Feuer dargebracht.* III *Mos.* 10, 1. 2: egressusque ignis a domino devoravit eos et mortui sunt coram domino. *Der Name* Jabiu *ist jedenfalls verschrieben. Die Vulg. hat Abiu, nach dem Hebr.* אֲבִיהוּא. *Allein die* codd. *und* edd. *des Ludolf haben sämmtlich* Jabiu, *außer F*, *der* Abiu *lieset.*

sumpsit. Multa etiam alia loca in circuitu cernuntur ibi, de quibus loquitur scriptura.

XXXVI. DE DESERTO SYRIAE.

De monte Sinai proceditur per desertum versus Syriam in tredecim diebus, sumptis et datis sibi de monasterio expensis. Hoc desertum est pessimum et periculosissimum et in Arabia situm, et omnino hæc terra habitabilis et desertum Arabia vocatur [1]. In hoc deserto quam maxima est aquæ penuria, et degunt in eo innumerabiles homines, quasi silvestres, qui Badewini [2] vocantur, in millenariis et centenariis incedentes et in tentoriis de filtris et pellibus factis habitantes, et cum pecoribus et iumentis in deserto hinc inde vagantes, in locis, quibus aquam de fonticulis et rivulis saltem in modica quantitate invenire poterunt, greges et iumenta pascentes et de lacticiniis camelorum et pecorum viventes. Numquam pane vescuntur, nisi a peregrinis casu eis tribuatur, vel ultra duodecim diætas eis deportetur. Nam non serunt [3], neque metunt, sed ut bestiæ silvestres vivunt, et sunt facie horribiles, nigri, barbati et feroces ac veloces, et dromedariis insidentes [4], in uno die quantum volunt proficiscuntur, loca, in quibus aqua inveniatur, quærentes. Caput panno lineo longissimo involvunt, præ intolerabili ardore solis, et arcubus utuntur. In hoc deserto per duas vel tres diætas aqua vix potest inveniri, et in locis, quibus in una die invenitur, in alia exsiccatur. Item in hoc deserto in locis iam planissimis in una hora, in alia hora maximus mons repentine ex sabulo proiicitur et congregatur, nunc hic, nunc ibi, numquam in uno statu manens, propter quod numquam via per desertum potest sciri, nisi per montes, et istos Badewinos, qui vias in deserto, ut in domibus eorum sciunt et cognoscunt. Hi etiam Badewini Soldanum penitus non curant, nec sibi in aliquibus obediunt; etiam a longe existentes hos Soldanus caute donis et blanditiis allicit et servat. Nam si vellent, facillime totam terram Soldani destruerent et subiugarent. Hoc desertum beata virgo Maria cum puero Iesu pertransiit, dum de

---

1. *So AB. In C fehlt der letzte Satz.* — 2. *So A.* Waldewini *B.* Baldewini *C.* — 3. seminant *C.* — 4. *So A.* incedentes *B. Dagegen C sinnlos:* velociores dromedariis, *ohne* insidentes. *So F.*

Iudæa a facie Herodis fugit, et per totam viam, quam transisse creditur, crescunt rosæ aridæ, quas in partibus istis rosas de Iericho appellant. Has rosas Badewini in deserto colligunt et peregrinis pro pane vendunt. Has etiam rosas mulieres sarracenæ libentissime habent penes se et ex aqua, quam rosæ imponunt, bibunt partu iam instante, et dicunt esse multum utiles et proficuas prægnantibus [1]. In hoc etiam deserta quam plurima alia ventorum, sabulorum, hominum silvestrium, serpentum, leonum, draconum et aliorum animalium venenosorum et periculosissimorum sunt pericula, de quibus longum esset enarrare. Igitur hoc deserto versus meridiem transito pervenitur ad initium terræ promissionis, ad civitatem quondam pulchram, sed nunc desertam, nomine Bersabee [2]. Hæc civitas quondam multis pulchris ecclesiis, quarum adhuc quædam stant, videtur fuisse decorata.

XXXVII. DE HEBRON, VALLE MAMBRE ET BETHLEHEM.

De Bersabee proceditur in media die et pervenitur ad civitatem pulchram et antiquam et adhuc competenter inhabitatam Hebron vocatam. Prope hanc civitatem in descensu montis pulchra stat ecclesia, in qua duplex est spelunca [3], in qua tres patriarchæ Abraham, Isaac et Iacob cum uxoribus eorum sunt sepulti. Hanc ecclesiam Sarraceni in maxima habent reverentia et aliquem Christianum intrare [4] non permittunt, sed ad ostium bene permittunt adorare. Iudæos intrare permittunt, quod temporibus meis pecunia procuraverunt. Hæc ecclesia tamen a Christianis intus et extra commode potest perlustrari et est intus dealbata et lapidibus bene ornata [5], et per gradus, ut in cellarium, descenditur in speluncam, qua patriarchæ et eorum uxores sunt sepulti. Prope Hebron est ager, de quo plasmatus dicitur esse Adam, quanto plus ex eo terra deportatur et effoditur, tanto magis per se adimpletur. Terra ad longinquas partes deportatur, et dicunt aliqui, quod vendatur; sed de

1. So AB. In C fehlt das Wort impregnatis, wie A hat. Die Sache wird auch bei Johann von Hildesheim Cap. 23 ähnlich berichtet. — 2. Berseba galt immer als das Südende Palästinas. Vergl. Raumer, S. 158. — 3. Confirmatusque est ager quondam Ephronis, in quo erat spelunca duplex, respiciens Mambre. I Mos. 23, 17. — 4. Noch jetzt ist der Eintritt in diese Moschee den Christen verwehrt. Raumer, Palästina S. 182. — 5. decorata B.

hoc nihil mihi constat. Item prope Hebron est vallis Mambre, qua
Abraham sedens in ostio tabernaculi tres vidit et unum adoravit [1].
Temporibus meis fuerunt in Hebron tres renegati de diœcesi min-
densi, ut dicebatur, quorum duo fuerunt domicelli et tertius eorum
fuit famulus; unus aquam in humeris portavit et, ut moris est ibidem, in plateis vendebat; alius manibus laboravit et necessaria,
prout melius potuit, acquisivit; tertius, qui eorum fuit famulus, erat
stipendiarius, quod magistris Soldani melior ad omnia videbatur in
physiognomia. Interrogati, cur se renegassent, dixerunt, quod
sperassent ut dominus eorum consequi debebat divitias et honores,
quod eos fefellit, et cum multis gemitibus dixerunt, quod si possent,
libenter terram latenter exirent: nam vilissimam ducebant vitam,
et qui antea fuissent, fateri non sunt ausi. Hi tres fuerunt fami-
liares cuiusdam militis de partibus istis, nomine dominus Wilhelmus
de Bolensele [2], qui ante tempus meum stetit in partibus ultramarinis, et ibidem a Soldano et regibus et aliis principibus fuit mirifice
honoratus, et, ut audivi, in Colonia diem clausit extremum. De
Hebron proceditur et una die pervenitur in Bethlehem commode.
In quo itinere quondam stetit claustrum Karioth abbatis, cuius dum
tempus resolutionis instaret, monachi eum agonizantem videntes dixerunt: Post abbatem nostrum Karioth adhuc super terram vivemus.
Et ex ipso verbo omnes agonizare cœperunt et mortui, et per longa
tempora semper quasi agonizantes stantes incorrupti permanserunt,
nec Sarraceni, licet sæpius attentaverunt, eos destruere et corrum-
pere [3] potuerunt; sed nunc claustrum est desertum et nihil ex eis
apparet. Igitur Bethlehem est villa delectabilis et pulcherrima,
non longa, in iugo montis sita, et quasi totaliter a Christianis inhabitata. Pascuis, graminibus et herbis multum abundat et est in gyro
vallibus bene munita; propterea reges Ierusalem et Christiani semper exercitus eorum ibidem congregare consueverunt. Habitatores vero eius multum vino et aliis bonis rebus abundant. In Bethlehem magna et pulcherrima stat ecclesia, multis turribus et propugnaculis in modum castri optime munita. Est plumbo cooperta
et opere mosaico, iaspide et marmore ac auro, credo, plus quam

---

1. Apparuit autem ei dominus in convalle Mambre sedenti in ostio tabernaculi sui in ipso fervore diei. I Mos. 18, 1. — 2. Volerisele *B*. Botzen-
celle *C*. Bottenzell *F*. *Es muß ein westfälischer Ritter sein.* — 3. evellere
C. *In A ist der Satz nicht vollständig.*

aliqua ecclesia sub sole decorata, et in omnibus et per omnia di-
tissime, nobiliter et regaliter, prout decet, constructa. Habet circa
septuaginta columnas marmoreas pretiosas et non est testudinata,
sed ex lignis nobilissimis et tignis cedrinis et asseribus subtus plum-
bum tecta. Parietes ecclesiæ sunt sub vitris deaurati et cum vitris
pictis mirabiliter et artificiose facti. Ante tempus meum Sarraceni
volebant aliquas [1] columnas auferre, sed visione multum perterriti,
ipsas stare permiserunt, nec postmodum aufferre attentaverunt.
In hac ecclesia ante chorum descenditur per aliquot gradus in speluncam lapideam, non excisam, sed naturalem, in qua directe subtus maius altare est locus, in quo nostri causa deus de virgine homo
natus fuit [2]. In ipso loco stat altare, et non remote ab altari stat
præsepe, in quo beata virgo Maria infantulum Iesum posuit, pannis
involutum, verum deum et hominem in nostra fragilitate more in-
fantum vagientem. Iuxta præsepe adhuc cernuntur ferra [3] lapidi
plumbo innexa, in quibus erant circuli ferrei, in quibus rustici iumenta et pecora ligabant, dum ad forum veniebant. Est autem præsepe lapideum, circa quatuor palmarum longum, ut ibidem est moris. In hac spelunca sanctus Hieronymus est sepultus. In nocte
nativitatis domini omnes nationes, quæ sub cœlo sunt, prout decet,
ibidem conveniunt, et unaquæque natio ad divinum officium ad ritum suum agendum in hac ecclesia specialem habet locum, ad hoc
sibi in perpetuum deputatum. Latini habent tunc locum, quo deus
natus erat homo, et sic singulæ nationes singula habent loca. Temporibus meis Nubiani nondum habuerunt locum, quibus Soldanus
fecit fieri capellam specialem. Ante hanc ecclesiam stat monasterium, in quo sanctus Hieronymus, sancta Paula et Eustochium et
quam plurimi sancti degebant et per dei gratiam multa miracula
faciebant. In hoc loco nunc Sarracenus habitat, qui recipit unum
denarium veneticum a volente ecclesiam intrare. Item in Bethlehem est quædam capella subterranea in rupe, quæ duas ianuas habuisse videtur, itaque directe potuit pertransiri; sed una ianua nunc
est obstructa. In hac fovea, qua nunc est capella, beata virgo
Maria cum Iesu per triduum metu Herodis, latitavit, et puerum Iesum ibidem lactavit, et casu et timore de lacte eius ibidem supra
petram cecidit et stillavit. Illud lac usque in præsentem diem non

---

1. antiquas *C.* — 2. *In A ist der letzte Satz ausgefallen, den BC ha-*
ben. — 3. ferrea *C.*

deficit. Ipsum lac ut humor erumpit de lapide habens lacteum colorem modica [1] rubedine mixtum. Quanto plus illud lac abraditur, tanto plus, in eadem quantitate, et non maiori, redintegratur, et hoc est illud lac, quod in diversis et multis ecclesiis videtur et demonstratur. Nam sic hinc inde a peregrinis deportatur. Item prope Bethlehem in rupe est maxima caverna, in qua quam plurima innocentium corpora fuerunt proiecta, et hæc rupes a peregrinis quasi totaliter est deportata. Item prope Bethlehem ad unum miliare est locus, quo sanctus Hieronymus specialiter degebat et plurimos libros de hebraico, chaldaico et græco in latinum transferebat. Item iuxta Bethlehem ad dimidium miliare versus Sodomam et Gomorram est locus, quo angeli deum hominem esse natum pastoribus annuntiaverunt. In hoc loco pulcherrima duplex ecclesia est ædificata, quæ Gloria in excelsis vocatur, quod ibidem angeli decantabant; propterea ibidem et in Bethlehem omnes horas diei cum Gloria in excelsis deo! incipiunt, ut nos cum Deus in adiutorium facimus. Et omnes missas, etiam missas animarum, cum Gloria in excelsis deo! incipiunt, ex consuetudine speciali, ut in ordinario eorum sæpe vidi. Hæc est Bethlehem civitas dei summi, de qua natus erat David; de hac etiam civitate Michæas propheta, dicens: Et tu Bethlehem terra Iuda nequaquam minima es in principibus Iuda [2]. Nam Bethlehem in medio Iuda est sita, et ideo tota illa terra Iudæa vocatur, et illa terra, quæ olim Iudæa vocabatur, nunc Suria vocatur, et eius habitatores Suriani nuncupantur. De Bethlehem proceditur in Ierusalem, in qua via a sinistris est sepulchrum Rachel uxoris Iacob, ubi peperit Beniamin et in partu mortua est. Et circa hanc viam stat ecclesia, quam Gloria in excelsis vocant, de qua dixi. Item circa hanc viam sunt et fuerunt plurimæ sanctorum cellulæ, ecclesiæ et Christianorum cavernæ, monasteria et monumenta, et multa miracula deus per istos sanctos ibidem est operatus, et adhuc in multis locis plurima sanctorum corpora diversimode reperiuntur intacta [3] in cavernis et speluncis, quorum deus nomina novit. Item circa hanc viam est locus cisternæ, in qua proiectus erat Ioseph et a fratribus Ismaelitis venum datus. His et multis aliis visis pervenitur in Ierusalem, et sunt inter eas tria miliaria parva [4] patriæ illius.

---

1. modicum *B.* — 2. Mich. 5, 2. Evang. Matth. 2, 6. — 3. *So BC.* iniecta *A.* — 4. *So B.* parvæ *C. In A fehlt das Wort.*

XXXVIII. IERUSALEM CIVITAS SANCTA.

Est autem Ierusalem civitas sancta, in qua fuit redemptio nostra, in monte et bono aere sita, et ab aquilone cum muris, turribus et propugnaculis, ab oriente cum valle Iosaphat, et a me-
ridie et occidente aliis vallibus profundis bene munita; sed aquis
caret intrinsecus, et cisternæ eius cum aquis, quæ de Hebron
veniunt, per aquæductus et meatus subterraneos adimplentur, ut
patet euntibus ¹ prope viam. Hæc gloriosa civitas non est nimis
longa vel lata, nec nimis larga vel angusta, sed mediocriter bene
ædificata, et a loco, quo stetit tempore passionis Christi versus
orientem, in honorem Calvariæ loci, per Aelium Hadrianum ²
modicum translata, dum per Titum et Vespasianum fuit destructa.
In Ierusalem stant templum domini et templum Salomonis, quæ
solummodo occupant maximam partem civitatis. Hoc templum Sarraceni nullum Christianum intrare permittunt, et si intraverunt,
aut ipsum oportet mori, aut renegare, quod etiam accidit temporibus meis, quod Græci intraverunt, et libros Sarracenorum sup-
peditaverunt, et nolentes renegare, per medium sunt secti. Templum domini est rotundum, opere græco factum, multum altum
et largum, plumbo coopertum, ex magnis lapidibus politis et sectis
constructum. In eius pinaculo Sarraceni eclepsin lunæ suo more
posuerunt. Hoc etiam templum atrium habet largissimum, non
coopertum, sed albo marmore bene stratum et ornatum. Iuxta
hoc templum a dextris est ecclesia oblonga plumbo cooperta,
porticus Salomonis vocata. Templum domini Sarraceni in maxima
habent reverentia, ipsum intus et extra mundissime servantes, et
indifferenter discalceati intrantes, ipsumque rupem sanctam, non
templum, appellant, unde dicunt alterutris: Eamus ad rupem sanctam! Non dicunt: Eamus ad templum. Appellant autem templum
rupem sanctam propter parvam rupem, quæ est in medio templi,
cancellis ferreis circumposita. Et ut veraciter audivi a Sarracenis
renegatis, quod nullus Sarracenus ipsi rupi est ausus appropinquare, et de longinquis partibus Sarraceni veniunt ipsum devote
visitare. Verum etiam deus ipsam rupem multipliciter venerari et
super ea multa miracula operari dignatus est, ut biblia, et anti-

---

1. *So BC.* cunctis *A.* — 2. *So AB.* Helyam admiranum *C.*

quum et novum ¹ testatur testamentum. Primum super hanc rupem
Melchisedech primus sacerdos panem et vinum obtulit. Item prope
hanc rupem Iacob obdormiens vidit gloriam dei et super ipsam
rupem scalam stantem, cuius summitas cœlos tangebat et angelos
dei ascendentes et descendentes. Item super hanc rupem David
vidit angelum stantem et in manu eius cruentatum gladium habentem et a cæde populi cessantem ². Super hanc rupem etiam sa-
cerdotes holocausta posuerunt, quæ sæpius ignis de cœlo consumpsit. In hac rupe Ieremias propheta creditur arcam fœderis
miraculose inclusisse in transmigratione Babylonis dicens: Non
manifestabitur locus hic, donec dominus propitius erit populo suo
etc. et in ea usque ad præsens creditur permansisse. Super hanc
rupem Christus puerulus fuit præsentatus et in ulnis iusti Simeonis
datus et receptus. Super hanc rupem Christus puerulus cum esset
annorum duodecim, dum parentes eum perdiderunt ³, cum Iudæis
disputavit; de hac rupe sæpissime turbas docuit et sæpius prædicavit. Templum domini, ut legitur, a Salomone in area Ornan ⁴
fuit constructum; licet pluries a pluribus sit destructum, tamen
semper in eodem loco, eadem forma et iisdem lapidibus est re-
ædificatum. Hoc templum etiam deus multipliciter glorificavit et
honoravit et multum adamavit. De hoc templo Salomon vidit fu-
mum ascendentem et super eo gloriam dei habitantem. In hoc
etiam templo virga Ioseph floruit. In hoc templo beata virgo Maria
fuit præsentata et post desponsationem oblata⁵. In hoc etiam templo
Christus fuit præsentatus et super pinnaculum eius a spiritu ductus
et tentatus. De hoc etiam templo Christus vendentes et ementes
eiecit et sæpissime in eo docuit et disputavit et multa miracula
fecit, de quibus evangelium testatur. Hoc etiam templum Christus
sua gloriosa præsentia consecravit, et in eo in nostra fragilitate
multa opprobria a Iudæis passus est et adversa ⁶. De hoc etiam

---

1. *So AC. Dagegen B:* ut in biblia novum et vetus testamentum testatur. — 2. *So A. In B fehlt der ganze Satz* Item super *bis* cessantem, *in C der Schluß* et a cæde *bis* cessantem. — 3. quæsiverunt *B.*
— 4. *So A.* in æream formam *B. In C fehlen diese Worte, welche aus*
Paralip. II. 3, 1 *stammen:* Et cœpit Salomon ædificare domum domini in
Ierusalem in monte Moria — in loco, quem paraverat David in area Ornan
Iebusæi. II Reg. 24, 16 *lautet der Name* Areüna Iebusæus *in der Vul-*
gata, im Hebr. אֲרַוְנָה, *dagegen* Paralip. II. 3, 1: אָרְנָן. — 5. ablata *B.* —
6. *Der erste Theil dieses Satzes steht nur in A. Statt* adversa *in C* diversa.

templo Iacobus minor [1] frater domini fuit præcipitatus et martyrium passus. Iuxta hoc templum a sinistris est antiqua aurea porta, per quam Iesus in die palmarum intravit cum asino. Iuxta hanc portam adhuc semper omni die palmarum ante solis ortum fit solemnis processio Christianorum, et super hanc portam pueri cantant: Gloria, laus etc. Et archiepiscopus Armenorum tunc cum asino ipsam portam intrat, quem pueri et vulgus recipiunt directe, ut ibidem Christus fuerat receptus a Iudæis. Item iuxta templum non longe versus aquilonem est ecclesia, qua beata virgo Maria fuit nata et ibidem beata Anna cum Ioachim viro suo in quadam caverna subterranea est sepulta. Ante hanc ecclesiam est probatica piscina quinque porticus habens, in qua ad motum angeli in aqua infirmi sanabantur, ut evangelium [2] testatur. Et adhuc est ibi spelunca, in qua dum pluit aqua civitatis confluit et congregatur. De hac ecclesia beatæ Mariæ Sarraceni nunc ecclesiam suam fecerunt, et tota historia Annæ et Ioachim de partu beatæ Mariæ ante ecclesiam adhuc nobilissime picta remansit. Hanc picturam temporibus meis quædam antiqua vetula Sarracena Baguta Christianis semper totaliter devote et fideliter exponere consuevit. Nam ex opposito ecclesiæ morabatur, asserens, Ioachim depictum esse [3] Machometum, et arbores depictas esse paradisum, in quo Machometus itaque puellas oscularetur, et totam ipsam picturam Machometo assignavit et fidelissime docuit, et multa maiora [4] de Machometo cum lacrimis narravit. Item non longe a templo domini versus meridiem infra civitatem est mons Sion, et est parum [5] altior reliquo situ civitatis. Itaque ad ipsum parum ascenditur intra civitatem; sed extra civitatem est vallis profundis bene munitus, et est fortior locus civitatis. In hoc monte olim civitas David fuit sita, de qua loquitur scriptura. In hoc monte Sion, seu civitate

---

1. maior B. *Jacobus der jüngere, der Sohn des Alphäus* (Ev. Matth. X. 3), *führt den Beinamen des Bruders des Herrn. Er war Verfaßer des Briefes und erster Bischof von Jerusalem.* — 2. Evang. Joh. V. 2—4: Est autem Hierosolymis probatica piscina, quæ cognominatur hebraice Bethsaida, quinque porticus habens. *So die Vulgata. Im Griech.* Ἔστι δὲ ἐν τοῖς Ἱεροσολύμοις, ἐπὶ τῇ προβατικῇ, κολυμβήθρα, ἡ ἐπιλεγομένη ἑβραϊστὶ Βηθεσδά, πέντε στοὰς ἔχουσα. *Vergl. über den jetzt sogenannten Teich Bethesda* Raumer, *Palästina S.* 262. Robinson, *Palästina* II. *S.* 136. — 3. *So B.* fore AC. — 4. *So AB. In C fehlt* maiora. — 5. in modico C.

David, quondam pulcherrimum monasterium fuit constructum et ad beatam Mariam in monte Sion vocatum, in quo fuerunt canonici regulares. In hoc monasterio omnia loca sancta quæ sequuntur fuerunt inclusa. Primo in hoc loco Christus cum discipulis suis cœnavit et primum pascha celebravit et testamentum posuit et traditorem suum revelavit, et ille dilectus discipulus supra pectus eius recubuit, et cœlorum secreta potavit. Item ibidem Christus discipulis humilis pedes lavit et linteo tersit, et dominus ac magister ipsis exemplum humiliter [1] donavit. Ipsum locum etiam Christus in humanitate plurimum visitavit, et in eodem loco post mortem et resurrectionem [2] suam discipulis ianuis clausis apparuit et ibidem denuo visus: Thomas digitos suos in latus eius misit incredulus. In hoc etiam loco beata Maria et discipuli ipso die Pentecostes ianuis clausis ob metum Iudæorum considentes et dolentes sanctum spiritum paracletum receperunt. In hoc etiam loco beata Maria post passionem domini frequenter habitavit et in ipso loco spiritum filio reddidit et ibidem omnes discipuli miraculose convenerunt. In hoc etiam loco sanctus Matthias in apostolum mirifice est electus [3]. In hoc etiam loco ille dilectus discipulus beatæ Mariæ missam pluries celebravit et ibidem cum sancta Maria et sancto Luca usque ad mortem beatæ Mariæ habitavit. In hoc etiam loco sanctus Stephanus inter Nicodemum et Abylon [4] fuit sepultus. In hoc etiam loco David et Salomon et ceteri reges Iuda sunt sepulti et eorum sepulcra patent in hodiernum diem. In hoc monasterio nunc degunt fratres minores, qui temporibus meis a regina Sancea regis Roberti uxore [5] necessaria sufficienter habuerunt et ibidem divinum officium devote et aperte celebrant, excepto quod non licet eis, Sarracenis publice prædicare, et corpora mortuorum absque scitu [6] officiati civitatis sepelire; et iidem fratres temporibus meis fuerunt valentissimi viri. Ipsos peregrini mercatores, etiam Sarraceni multum commendabant; nam omnibus multa bona faciebant. In pede huius montis stat fortissimum castrum, quod castrum David

---

1. _So AB._ humilitatis _C._ — 2. _So AB. In C fehlen die beiden letzten Worte._ — 3. _So folgt dieser Satz in AB. In C steht er dem vorhergehenden voran._ — 4. _So A._ Rabilon _B._ Abibon _CF._ — 5. _So AB. In C steht_ Saucie. _Über die Person des Königes Robert kann Zweifel entstehen,_ ˌob _Carl Robert von Anjou, König von Ungarn, oder Robert Bruce, König der Schotten, gemeint sei._ — 6. _So A._ statu _B._ licentia _C._

vocatur, quod a temporibus David adhuc creditur permansisse.
Nam cum per Titum et Vespasianum civitas erat destructa, tunc
mons Sion et castra extra civitatem fuerunt sita. Hoc castrum
quondam patriarcha Ierusalem obtinebat [1], sed nunc ab officiato
Soldani inhabitatur et ab ipso et stipendiariis diligentissime custoditur. Item in pede huius montis est ecclesia ad sanctum salvato-
rem appellata, in qua est lapis, quem angelus de sepulcro proiecit, qui ibidem lucide demonstratur. Iuxta hunc etiam montem
sanctus Iacobus maior fuit decollatus [2], et in ipso loco ecclesia
est constructa, in qua nunc sunt archiepiscopus Armenorum et
canonici ad fidem romanam se habentes. Item in Ierusalem est
alia ecclesia ad sanctam Mariam latinam vocata. Item in Ierusalem
sunt quam plurimæ schismaticorum et hæreticorum ecclesiæ et capellæ et quam plurima alia loca et oratoria gratiosa. Ceterum supra montem Calvariæ et sepulcrum Christi magna et pulchra ecclesia est constructa ex marmore, opere mosaico, picturis et aliis
ornamentis nobiliter decorata, et habet turres ante et supra chorum et est desuper aperta, quo est sepulcrum Christi subtus. Hæc
ecclesia cathedrali ecclesiæ monasteriensi [3] in Westphalia intus est
multum similis et specialiter in choro. In hac ecclesia prope chorum versus meridiem est mons Calvariæ, in quo crucifixus est
Iesus. Ad hunc montem intra ecclesiam nunc per aliquot gradus
ascenditur, et extra ecclesiam [4] per aliquot gradus etiam quondam ad eum ascendebatur, sed ipsa ianua ab extra nunc est obstructa. Hic mons est rupis durissimæ, et sub monte est capella
Nubianorum rupe et petra exscissa. Supra montem Calvariæ etiam
est capella, ad quam ab intra ascenditur, ut dixi, et in loco, quo
crucifixus erat Iesus, est foramen, quo crux erat imposita, et
scissuræ rupis et petræ tempore passionis Christi factæ adhuc patent evidenter. In eadem capélla sepulti sunt etiam illi gloriosis-
simi principes Godefridus dux de Boliun [5] et Baldewinus suus frater
primi reges Ierusalem christiani, qui terram sanctam cum maximis
laboribus acquisiverunt et potenter recuperaverunt et possederunt et
Sarracenis inæstimabilia damna intulerunt et christianitati quam plu-

---

1. pertinebat *AB*. — 2. Act. Apost. XII. **2.** *Herodes ließ den Jacobus, Bruder des Johannes, Sohn des Zebedäus, enthaupten.* — 3. *Abermals
verräth sich hier der Westfale.* — 4. *So AB.* civjtatem *C.* — 5. Babylon
B. Bolim *C.*

rima bona fecerunt. Et·bene mirandum est, quod Sarraceni sepulcra et corpora eorum intacta tam honorifice quiescere permittunt, qui eis tot ac tanta mala intulerunt et ipsis universam terram
sanctam abstulerunt. Nam in Lumbardia in dissensione Christianus
alterius cadaver putridum eiicit ante canes [1]. Iidem gloriosi principes constituerunt, quod nullus rex Ierusalem coronam auream
portare debeat, sed coronam spineam, quod successores eorum
observarunt [2] in præsentem diem. In hoc Calvariæ loco omni die
legitur passio Christi, dum degunt ibi Christiani, ut in ordinario
eorum bene legi. Prope montem Calvariæ, ubi nunc est arma-
rium [3], est locus, ubi mater cum discipulis et aliæ mulieres steterunt, et ibidem Iesus matrem discipulo commendavit dicens: Mulier, ecce filius tuus [4] etc. Ante ianuam chori versus meridiem
est lapis niger et locus, super quem posuerunt corpus Iesu, dum
de cruce receptum illud linteo involverunt. Ante chorum versus
occidentem parva stat duplex capella, quæ quasi tres ianuas habet
et in ea tria altaria stetisse videntur. De hac priori capella intra-
tur in aliam capellam, in qua est sepulcrum Christi, per ianuam
tam parvam et demissam, arcuatam semicirculariter, factam ita,
quod per ipsam intrare oportet in curvato dorso. Hæc capella in
modum semicirculi est testudinata, nullam habens fenestram, et
in ea est sepulcrum Christi. Longitudo huius capellæ et sepulcri
sunt circa novem palmæ, latitudo capellæ circa septem palmæ, et
altitudo capellæ circa duodecim palmæ. Sepulcrum Christi est in
integro lapide excisum, sed ne a peregrinis maculetur vel deportetur [5], est aliis lapidibus marmoreis albis circumpositum, et lapis,
quo ante in latere est circumpositum, est tribus foraminibus perforatus, et per illa foramina verum sepulcrum et verus lapis de-
osculatur, et ille lapis, quo sepulcrum est circumpositum, est
vero sepulcro tam subtiliter coniunctus, quod ignorantibus unus
lapis esse videtur. Quare credo, quod non sit in aliqua ecclesia
de lapide vero sepulcri Christi. Nam omnibus istis, quæ audistis,

---

1. So hat A diesen Satz, ähnlich B. In C fehlt er. Statt eiicit hat B
eiecit. — 2. servaverunt BC. — 3. So AB. In C fehlen diese vier Worte.
— 4. Ev. Joh. XIX. 26. — 5. So AB. In C fehlen die beiden letzten Worte.
Diese Stelle vom h. Grabe führt Frater Felix Fabri wörtlich an, Th. I. S,
332. Haßlers Ausgabe, ohne jedoch den Ludolf zu nennen.

exceptis, in diligentissima semper habebatur et habetur custodia. Nam si sepulcrum Christi per grana et areñas posset deportari, iam ultra longa tempora, etiamsi maximus mons esset, fuisset deportatum, ita ut vix ibidem una arena permansisset. Ceterum de lampadibus et luminaribus, quæ dicuntur esse circa sacrum sepulcrum, dico, quod omnino nil lampadum, vel luminarium est circa sepulcrum; sed degunt in ecclesia sancti sepulcri Georgiani antiqui habentes clavem ad capellam sancti sepulcri, quibus per parvam fenestram, quæ est in ianua ecclesiæ meridionali, a peregrinis victus, eleomosynæ, luminaria et oleum ad lampades, ad illuminandum circa sanctum sepulcrum, ministrantur, et deficiente hoc penitus absque aliquibus illuminationibus manet, et est totaliter absque reverentia et honore [1]. Nam Sarraceni tantum venerantur sepulcrum Christi, quantum Christiani synagogam Iudæorum. Item in eadem ecclesia ante chorum modicum versus meridiem est locus, ubi steterunt tres Mariæ et dicebant ad invicem: Quis revolvet nobis lapidem ab ostio monumenti? etc. [2]. Item in eadem ecclesia stat pars columnæ, qua flagellatus et ligatus erat Iesus; reliqua

---

1. *Bloß in C und F, aber in keiner Handschrift, findet sich hier folgender Zusatz:* Versus super valvas ecclesiæ sancti sepulcri:

> Anno milleno centeno quod minus uno,
> Quindecies Iulio [1] iam Phœbi [2] lumine tacto,
> Vitæ plus sacræ studio, quæ mitigat acre [3],
> Ierusalem Franci capiunt virtute potenti.

Versus super tabulam monumenti:

> Mortuus hic iacuit, mortem dum morte peremit [4]:
> Hic leo dormivit, qui pervigil omnia trivit.

Nota versus super ostium sancti sepulcri: .

> Aspice plasma meum, qui transis ante sepulcrum,
> Quo triduo iacui, cum pro te passus obivi,
> Et behemoth dirum contrivi compende [5] plexum,
> Vectibus et tetri confractis prorsus Averni,
> Abstulit inde suos secum super astra locatos.

1. plebi *C.* — 2. Nilo *CF, auch F. Fabri S.* 544. *Meine Vermuthung, dafs der* 15 *Juli* 1099 *so bezeichnet werde, ist gewis richtig.* — 3. quam mitigare aere *C. F. Fabri.* — 4. *Andere lesen* redemit. — 5. Cum pede *C. Die richtige Lesart findet sich in Fratris Felicis Fabri Evagator. T. I. S.* 336, *der diese Verse „aus alten Reisebüchern" anführt, selbst jedoch sie nicht las.*

2. Ev. Marc. XVI, 3.

vero pars est Constantinopoli. Item in eadem ecclesia descenditur bene per LX gradus ad locum, ubi tres cruces inventæ fuerunt, et in inferiori loco et capella stat cathedra Iacobi minoris, in qua ipse episcopus Ierusalem residebat. Etiam in hac ecclesia stant columnæ, quæ tempore passionis Christi in domo Pilati steterunt, ab illo tempore usque nunc continue aquam sudantes. Item in hac ecclesia est locus, ubi mortuus super crucem Christi positus fuit resuscitatus. Item in hac ecclesia est locus, quo Iesus Mariæ Magdalenæ in specie hortulani apparuit. Hæc omnia loca sancta in hac continentur ecclesia inclusa, et ipsa ecclesia, ut palatium, ad commoda diversa peregrinorum et inclusorum est præparata. Nam peregrini advenientes ab una diei hora prima usque ad eandem horam diei crastinæ in ecclesia includuntur, et omnia ad libitum possunt perlustrare. Incolæ vero Christiani bis in anno, scilicet a parasceue usque ad feriam secundam post pascha, et a vigilia inventionis sanctæ crucis usque ad crastinum festi, gratis intromittuntur et includuntur, et tunc diversarum rerum et victualium in ecclesia, ut in partibus istis in nundinis et encæniis [1], reperiuntur mercimonia, et ibidem diversa audiuntur idiomata et melodia, et unaquæque natio habet locum specialem ad divinum officium ad ritum eorum peragendum, ex quibus Latini habent locum, quo Christus Mariæ Magdalenæ apparuit in specie hortulani. Iuxta ecclesiam sancti sepulcri quondam fratres sancti Ioannis hierosolymitani habitarunt, et in ipso palatio nunc est commune hospitium peregrinorum. Est hospitium tam largum, quod mille homines commode in eo possunt habitare, et omnia, quibus indigent, possunt in eo pro pretio reperire. Est autem in hoc palatio, seu hospitio, consuetudinis, quod quilibet peregrinus dat duos denarios venetianos pro hospitio. Si moratur ibidem per annum, non dat magis, si moratur per unam diem, non dat minus. In hoc palatio seu hospitio temporibus meis habitabat quædam matrona, nomine Margareta de Sicilia, et habuit fratrem canonicum sancti sepulcri, nomine Nicolaus. Hæc Margareta Christianis ibidem multum fuit utilis et proficua, et, ut mihi constat, multas tribulationes et angustias amore Christianorum ibi est perpessa, et semper propter fidelitatem [2] eius in speciali fuit gratia Soldani. Et est sciendum

---

1. *Wie in Deutschland auf Märkten und Kirchweihen.* Die Lesart nach *AB. In C fehlt* et encæniis. — 2. utilitatem *B.*

quod canonici sancti sepulcri multum prærogativis utuntur et privilegiis, ut in ordinario eorum legi. Nam omnes horas diei cum Alleluja, ut nos, cum dicimus: In adiutorium etc. incipiunt, ut de quibus totus mundus de longinque testatur. Hi omnia principaliter legunt assertive [1], ut ipso die paschæ diaconus legit evangelium tali modo: In illo tempore Maria Magdalena et Maria Iacobi et Salome [2] emerunt aromata ut venientes huc ungerent Iesum. Et dum venit ad illum articulum: Surrexit, non est hic, tunc diaconus digito suo monstrat supra sepulcrum Christi, et sic de reliquis. Ceterum ante ecclesiam versus occidentem est lapis, super quem Iesus baiulans crucem modicum quievit, dum præ tormentis et gravedine crucis in humanitate quasi defecit, et ibidem angariaverunt [3] Iudæi Simonem Cyrenensem, de villa venientem, ut tolleret crucem. Item iuxta ecclesiam non longe versus meridiem est lapis, super quem Iesus stetit, dicens: Filiæ Ierusalem nolite flere me, sed super filios vestros [4] etc. Item in Ierusalem apparent adhuc pavimenta domus Pilati; sed tunc erat extra civitatem; domus Caiphæ, in qua consilium fecerunt et ipse prophetavit, dicens: Expedit unum hominem mori pro populo [5]. Distat a Ierusalem ad tria miliaria patriæ illius. Item in Ierusalem quam plurima alia cernuntur mirabilia et loca sancta, de quibus per singula longum esset enarrare. Item de Ierusalem proceditur ad civitatem quondam pulcherrimam, sed nunc desertam, in montanis Iudææ sitam, nomine Zacharia. Distat a Ierusalem ad quinque miliaria. In hac civitate Zacharias et Elisabeth parentes beati Ioannis Baptistæ habitabant, et ad eam beata Maria post annunciationem eius iuxta dictum Gabrielis ivit a Nazareth, cui Elisabeth obviavit et exultavit infans in utero eius, et beata Maria dixit: Magnificat anima mea dominum [6]. In loco quo sibi sic obviaverunt et se invicem amplexæ sunt, pulcherrima ecclesia est constructa, quæ Magnificat vocatur, in præsentem diem, et distat hic locus a Nazareth ad tres diætas cum

---

1. attente *B.* — 2. *Vergl. Ev.* Matth. XXVII, 56. Marc. XV, 40. Luc. XXIV, 1—10. Joh. XIX, 40. — 3. Ev. Matth. XXVII, 32: Exeuntes autem invenerunt hominem Cyrenæum, nomine Simonem; hunc angariaverunt ut tolleret crucem eius. *So die Vulgata-, nach dem Griechischen:* τοῦτον ἠγγάρευσαν. *Das Wort wird abgeleitet von* ἄγγαρος *Bote, das aus dem Persischen herstammt.* — 4. Ev. Luc. XXIII, 28. — 5. Ev. Joh. XI, 50. XVIII, 14. — 6. Ev. Luc. I, 39—46.

dimidia parvæ viæ, quas mater domini itaque ivit, sicut evangelium
loquitur dicens: Surgens·Maria abiit cum festinatione in montana
Iudææ [1]. In hac etiam civitate sanctus Ioannes Baptista conceptus
est et natus. De hac civitate. Zacharia reditur et in itinere cernitur
locus, quo crux Christi creditur crevisse; etiam prope iter multa
sanctorum cernuntur monumenta, eremitoria, cavernæ et antra,
in quibus adhuc multorum corpora sanctorum quotidie reperiuntur
intacta et illæsa, quorum nomina deus novit. Dum sic reditur in
Ierusalem, extra portam septentrionalem est locus, quo sanctus
Stephanus protomartyr fuit lapidatus [2]. In hoc loco pulchra videtur
stetisse ecclesia, quæ nunc est eversa, et est supra vallem Iosaphat sita. In valle Iosaphat stat ecclesia devota, sed non multum
pulchra, in honorem beatæ Mariæ facta, in qua descenditur bene
per LX [3] gradus et pervenitur ad sepulcrum beatæ Mariæ, quod
luminaribus et lampadibus plus et melius, quam sepulcrum Christi
est ornatum. Locus, in quo stat sepulcrum, non est maior, quam
ubi octo homines commode possunt stare, et est unius figuræ sepulcrum Christi et beatæ Mariæ. In loco, quo nunc stat hæc ecclesia,
tempore passionis Christi fuit domus Annæ principis sacerdotum,
et ibidem Petrus Christum negavit. In loco, quo negavit, stat columna marmorea, in memoriale sempiternum. In valle Iosaphat
Christus in novissimo die districtus iudex creditur esse venturus,
reddens ibidem unicuique iuxta opera sua mercedem. In eadem
valle transit torrens Cedron, quæ sunt aquæ pluviales et humor de
montibus hinc inde venientes. Non remote a torrente in pede
montis Oliveti est hortus, quo captus erat Iesus et a Iuda traditus
osculo. Hunc hortum deus in humanitate cum discipulis frequenter [4] visitavit. In loco, quo Christus captus erat, pulchra stat
ecclesia, in qua Sarraceni propter pascua prope nunc includunt
ipsorum pecora ac iumenta. Non longe ab horto a sinistris sub rupe
est locus, ubi Christus oravit ad patrem, dicens: Pater, si fieri
potest, transeat a me calix iste [5]; et præ timore mortis in humana
fragilitate sanguinem sudavit. In pede montis ex opposito, supra
quem Ierusalem sita est, sunt natatoria Siloe, et nunc sunt aquæ

---

1. Ev. Luc. I, 39. — 2. Act. Apost. VII, 57. *Vergl. Raumer, Paläst.
S. 275.* — 3. *So AB.* quadraginta *C. Raumer, Paläst. S.* 273, *hat* 47
Stufen. — 4. Ev. Joh. XVIII. 2. — 5. Ev. Matth. XXVI. 39.

putridæ confluentes. Ex opposito natatoriorum stat statua Absalo-
nis [1] miræ magnitudinis artificiose facta. Supra vallem Iosaphat
versus meridiem est ager figuli vel Aceldama [2], seu ager sanguinis, qui in sepulturam peregrinorum pretio sanguinis fuit emptus.
Attamen quædam historia orientalis habet et vult, quod nisi pro
quindecim denariis fuisset emptus, quod etiam bene credendum
est, quoniam non capit tertiam partem agri.

XXXIX. DE TRIGINTA DENARIIS.

Legitur in quadam historia regum orientalium, qui domino
munera obtulerunt [3], quod Thare pater Abrahæ fecisset monetam
seu denarios, iussu cuiusdam regis Mesopotamiæ nomine Ninus, et
recepisset triginta argenteos pro suo salario. Hos argenteos dedit
Abrahæ, qui ipsos in peregrinatione, in exilio consumpsit, et per
diversas manus transeuntes iidem denarii ad manus Ismaelitarum
devenerunt, et cum ipsis a fratribus emptus fuit Ioseph. Postea
dum Ioseph dominaretur in Aegypto, iidem argentei a fratribus
pro frumento ad manus Ioseph sunt reversi, et ipsis fratribus re-
stitutis, fratres ipsos argenteos dispensatori Ioseph dederunt, qui
ipsos misit in Saba pro mercimoniis ex parte Pharaonis; temporibus Salomonis, dum ab oriente venit regina Saba, audiens eius
sapientiam, ipsos triginta argenteos obtulit in templo. Temporibus
Roboam, dum Nabuchodonozor templum spoliavit et thesauros abstulit, ipsos triginta denarios cum aliis thesauris tradidit regi Godoliæ, qui secum erat in exercitu, et sic cum aliis in thesauris regum
Godoliæ usque ad nativitatem Christi permanserunt. Tunc regnum
Godoliæ in regnum Nubiæ est translatum. Nato itaque domino,
Melchior rex Nubiæ videns in stella, Christum de virgine natum,
ipsos triginta denarios,. quia antiquius et nobilius aurum in thesauris suis non reperit, secundum dei nutum Christo obtulit; postea
vero beata virgo Maria in Aegyptum fugiens, metu Herodis, in

---

1. *Der Name steht in AC, fehlt in B.* — 2. Evang. Matth. XXVII. 8.
Act. Apost. I. 19. *Raumers Palästina S.* 270. — 3. *Die Erzählung von
den heiligen drei Königen des Johannes von Hildesheim, der* 1358 *Prior zu
Cassel,* 1366 *zu Rom, war, und* 1375 *zu Marienau starb. Es ist Capitel*
25 *und* 26. *Vergl. meine Schrift „über ältere Pilgerfahrten" (Münster* 1848*)
S.* 58 *ff.*

loco, quo nunc est hortus balsami, cum aliis magorum muneribus ipsos triginta denarios amisit, quos quidam pastor reperit et penes se triginta annis servavit. Et tunc cum fama crevit de Iesu, idem pastor in Ierusalem se transtulit et Iesus eumdem a suis infirmatibus liberavit, qui Christo in templo prædicanti et docente ipsos triginta denarios, et alia magorum munera [1], obtulit, quos Iesus recipere renuens, ut denarios in templo offerret, et alia munera super altare poneret, præcepit, quod et pastor fecit, et Iudæi triginta denarios in carbonam proiecerunt, et postea ipsos Iudæ pro traditione Iesu dederunt, et ipsis per Iudam reportatis agrum figuli pro quindecim denariis emerunt, et reliquos quindecim militibus sepulcrum Christi custodientibus tradiderunt, et sic cum factum erat cum denariis, quod erat prædestinatum, statim fuerunt divisi et hinc inde dispersi. Sed antequam hoc non erat factum, quod de ipsis fieri debuit, semper insimul permanserunt, ut audivistis. Sed scriptura ipsos denarios argenteos appellat, quia antiquitas omne metallum argentum appellaverunt; sed nulli dubium quin fuerint aurei. Ipse ager sanguinis non est magnus, ut dixi, sed profundissime effossus et desuper testudinatus et foraminibus rotundis perforatus, et per illa foramina corpora mortuorum intus proiiciuntur, et post triduum nil aliud nisi sola ossa reperiuntur. Aliter locus tam parvus ad tot mortuorum corpora sufficere non posset. Iuxta hunc agrum est locus valde delectabilis et arboribus pulcherrimus, quem fratres prædicatores in recessu meo emerunt, sed nescio, si ipsum obtinuerunt. Sunt etiam prope plurima sanctorum eremitoria, habitacula et oratoria gratiosa, quæ nunc sunt deserta. Ita prope est caverna, in qua Petrus negato Christo permansit et latitavit et amare flevit. Non longe ab hac caverna est locus, quo Iudas desperatus se suspendit.

XL. MONS OLIVETI.

Ceterum prope Ierusalem versus orientem est mons Oliveti, qui nunc mons luminum dicitur, multum delectabilis, et inter ipsum et civitatem Ierusalem non est nisi vallis Iosaphat. Est mons Oliveti tam altus præ civitate, quam civitas intrinsecus super eo dis-

---

1. *Diese vier Worte fehlen in B.*

cerni potest, et dicitur mons Oliveti, quia multæ olivæ super eo
crescunt; aliter nunc dicitur mons luminum, quia de nocte luminaria de templo domini contra eum resplendent. Duæ portæ
Ierusalem orientales versus montem semper sunt clausæ, quia
inter civitatem et montem vallis Iosaphat est tam profunda, quod
homo manibus et pedibus ascendendo et descendendo satis haberet reptare, et illa una porta nunc aurea vocatur porta. Ceterum supra montem Oliveti pulchra stat ecclesia ad sanctum sal-
vatorem vocata, in loco, quo Christus post passionem suam dies
quadraginta [1] ad patrem ascendit mitis, et destrictum iudicem eum
esse venturum ibidem angeli dixerunt. In ecclesia illa in pavimento
vestigia Christi apparent in hodiernum diem, et legitur, quod dum
Christiani primo illam ecclesiam ædificarent et pavimentarent, quoties ad locum, quo Christi vestigia sunt, venerunt, et lapides pavi-
menti supposuerunt, toties semper lapides in modum vestigii hominis violenter exsilierunt, et sic vestigia usque in præsens permanserunt. Ecclesia est desuper aperta; nam testudo in loco, quo
Christus transiit, se noluit aliqualiter applicare. Item super montem
Oliveti stat alia capella in loco, quo Christus dominicam orationem
edidit et discipulos docuit, et illa capella adhuc Pater noster est
vocata. Item super hunc montem alia stetit capella, nunc eversa,
in loco, quo Iesus videns civitatem flevit super eam. Ceterum in
eodem monte est parva villa, Galilæa [2] vocata, de qua plurimum
loquitur scriptura, in qua discipuli semper cohabitabant. Hæc est
Galilæa illa, de qua legitur: Ite in Galilæam, ibi eum videbitis, sicut dixit vobis, et alibi (Matth. 26, 32): Præcedam vos in Galilæam.
Sed est alia Galilæa, quæ est magna terra, et distat ultra tres diætas, ut postea audietis. Item in eodem monte plurima sanctorum
habitacula fuerunt et eremitoria et oratoria gratiosa. Prope montem Oliveti est Bethphage, ubi Christus in die palmarum asinam
conscendit, dum Ierusalem intravit. Et bonus sessor [3] erat; alioquin

---

1. Act. Apost. I. 3—11. — 2. *Es wird der Thurm, genannt* viri Ga-
lilæi, *sein, der sich ehemals auf der Nordspitze des Berges befand. Vergl.*
Raumer, Paläst. S. 273. *Daß die bei Ludolf angezogenen Bibelstellen falsch*
gedeutet sind, springt in die Augen. Frater Felix Fabri Th. I. S. 385:
„Dicitur quod tempore Christi ibi fuerit villula, dicta Galilæa" *zeigt*
deutlich den sagenhaften Charakter dieser Annahme. — 3. *So AB. In C*
fehlt das Wort.

impossibile esset dicere, hominem cum asino per talem viam descendisse. Nam hæc via declivissime de monte Oliveti descendit et stricte. Prope Bethphage ad parvum dimidium miliare est Bethania, munitio quondam valde pulchra in clivo montis sita, in qua tres pulchræ stant ecclesiæ, quarum una est in loco, quo Lazarus a morte fuit suscitatus, cuius sepulcrum adhuc apparet, et sunt sepulcra Christi, beatæ Mariæ et Lazari unius figuræ. Secunda ecclesia stat in loco, quo domus Simonis leprosi, qua Christus ad epulas fuit invitatus, et beata Maria Magdalena veniens unxit caput Iesu et pedes eius lacrimis lavit et capillis tersit, ut testatur scriptura. Tertia ecclesia de palatio Marthæ est facta, in quo deus in nostra fragilitate esuriens et sitiens, nudus et lassus, a Martha sæpissime est receptus et refocillatus et exsul hospitatus. In his ecclesiis Sarraceni ibidem degentes ipsorum boves nunc includunt et iumenta. In hoc loco Salomon posuit idolum suum Moloch [1].

XLI. DESERTUM, IERICHO, SODOMA ET GOMORRA.

De Bethania in una die pervenitur ad Iordanem et transitur parvum desertum nomine Montost [2]. In hoc deserto sanctus Ioannes Baptista docuit et locustas et mel silvestre ibidem comedit. In hoc etiam deserto homo quidam descendebat de Ierusalem in Iericho et incidit in latrones, ut narrat scriptura [3]. In fine huius deserti est mons, qui Quarentana [4] vocatur, in quo Iesus XL diebus et XL noctibus ieiunavit et postea esuriit, et ibidem a diabolo, ut de lapidibus panes faceret, est tentatus. In media via ad montem ascendendo pulchrum eremitorium lapidi est excisum, in quo Christus ieiunavit, et a Georgianis monachis inhabitatum. Temporibus meis rex Gazare [5] viam frangere fecit, ne monachi descendere nec peregrini ascendere possent, quod sentiens Soldanus viam bene reparare fecit et monachis ibidem habitandi perpetuam dedit libertatem. In huius montis cacumine pulchra ecclesia est sita in loco,

---

1. Meloth *AB*. III Reg. 11, 7: Tunc ædificavit Salomon fanum Chamos, idolo Moab, in monte, qui est contra Ierusalem, et Moloch idolo filiorum Ammon. — 2. *So AB*. Monstat *C.* — 3. Ev. Luc. X. 30. *Das Gleichnis vom barmherzigen Samariter.* — 4. *Von den vierzigtägigen Fasten so genannt. Raumer, Paläst. S.* 41. — 5. *So AC.* Gorare *B. Vielleicht Gerar, wo Abraham wohnte.* I Mos. 20, 1. *Vers* 2: Abimelech rex Geraræ.

quo Iesus a diabolo est tentatus. De hoc etiam deserto legitur: Ductus est Iesus in desertum a spiritu, ut tentaretur [1]. Ceterum prope hunc montem versus planitiem Iordanis est fons et pulcherrimum pomarium, ubi Abraham de Chaldæa veniens habitavit, et ibidem ædificans altare, nomen domini invocavit. Hic locus hortus Abraham vocatur in præsentem diem. His pertransitis pervenitur in Iericho, quondam'civitatem regalem et famosam, nunc ad parvam villam redactam, sed est in loco pulcherrimo uberrimoque in valle Iordanis sita. Hæc est Iericho, cuius muros deus miraculose destruxit et Iosue maledicto, ne reædificarentur [2], dedit. De hoc Iericho fuit Raab meretrix et Zachæus statura pusillus [3]. De' hoc Iericho pueri Elisæum prophetam illuserunt, dicentes: Ascende, calve, ascende, calve, quos duo ursi in vindictam devorarunt [4], de quibus omnibus scriptura testatur. Prope Iericho est locus, quo Iesus transiens cæcum illuminavit. Prope Iericho transit rivus, quem Elisæus propheta de amaro fecit potabilem [5]. Prope Iericho ad tria parva miliaria est mare mortuum, habens in longitudine circa octoginta miliaria magna istius patriæ, ubi steterunt maximæ civitates Sodoma et Gomorra, Seboim et Adama [6], et omnia iuxta et intra loca, civitates, villæ, munitiones et castra, quæ deus ob peccata eorum detestabilia subvertit. Huius maris aqua nulla creatura ad aliquid penitus uti potest, et habet intolerabilem et pessimum fœtorem. Itaque dum ventus transit, totam circa terram inficit. Tamen in tempestatibus multos pulchros lapides eiicit, quos dum aliquis tollit, per triduum manus eius in tantum fœtet, quod homo semet non potest tolerare [7]. Dicunt quidam, quod homo in eo mergi non possit. De hoc nihil mihi constat, nisi ex relatu, cum forsan numquam fuit attentatum [8]. Sed audivi ab incolis, quod in aliquibus locis fundus maris bene reperiatur, et in aliquibus non. Sed de aliquibus [9], quæ ibidem ante subversionem steterunt et fuerunt,

---

1. Evang. Matth. IV. 1. — 2. Jos. 6, 26. — 3. Evang. Luc. XIX. 3. — 4. IV Reg. 2, 23. *Es war nicht in Jericho, sondern in Bethel.* — 5. *Geht auf* IV Reg. 2, 20. *Vgl. Raumers Paläst. S.* 59. — 6. I Mos. 10, 19. *AB haben diese beiden Namen, die in C fehlen.* -- 7. *So AB.* semetipsum vix potest pati *C.* — 8. *So AB. In C:* et quod olim a Tito et Vespasiano in hominibus condemnatis ad mortem fuisset attentatum. *Ein Zusatz, wie es scheint, aus* Joseph. de bello iud. V. 5 *gefloßen.* — 9. *C fügt hinzu:* ædificiis.

penitus nil apparet; etiam propter intolerabilem et pessimum fœtorem homo vix poterit appropinquare. Tamen omnia loca circa
sunt arboribus et fructibus magnis et delectabilissimis visu plena;
sed fructus dum carpuntur et rumpuntur, sunt intrinsecus·cineres
et favilla [1] et fœtor pessimus carpentis manibus in triduo non potest aboleri. Nam etiam omnia circa loca maledictione dei sunt
plena. In his locis reperitur et capitur serpens, qui tyrus dicitur,
unde tyriaca [2] dicta est; nam ex eo pro parte conficitur. Est serpens non dimidiæ ulnæ longus, in modum digiti grossus, lucei coloris, rubedine mixta et cæcus; contra eius venenum nulla scitur
medicina, nisi membrum per eum tactum amputare. Dum irascitur,
liguam in modum ignis emittit; itaque ignis videretur, si ipsam non
attraheret; in facie crines, ut aper iracundus extendit, et caput
grossius tunc sibi efficitur, et credo, si cæcus non esset, quod nullus eum evadere posset; nam audivi ab illis, qui istos serpentes
capere solent, si alicuius equum tangerent, quod sessorem inter-
ficerent. Circa mare mortuum a dextris versus montes Israel [3], in
quodam monticulo, stat uxor Loth, in statuam salis versa. In hoc
itinere temporibus meis fuerunt Templarii, in destructione Acon
civitatis capti, qui hinc inde in montibus ad opus Soldani ligna ser-
rabant, et ordinem Templariorum esse destructum, adhuc ignora-
bant; nam hinc inde in montibus laborabant, et aliquos homines
cismarinos post captionem eorum non videbant; hi multum dissua-
debant, quod ulterius supra mare mortuum non equitaremus, si
præ fœtore vitam vellemus obtinere, sed locum statuæ uxoris Loth
a longe aperte demonstrabant. Hos infra annum Soldanus ad quo-
rundam preces cum liberis et uxoribus liberavit, et ad curiam domini nostri [4] devenerunt et honorifice ad patriam suam fuerunt trans-
missi; unus eorum fuit de Burgundia, alter de Tholosa. Non longe
a statua uxoris Loth fuit civitas Segor sita, quæ ad preces Loth a
subversione est redempta [5]. Ultra mare mortuum versus orientem
est fortissimum mundi castrum, in arabico Arab, in chaldaico Scho-
bach, in latino mons regalis [6] vocatum. Dicitur quod ipsi castro

---

1. *Die Sodomsäpfel, schon bei Tacitus*, Hist. V. 7 *und Josephus*, de
bello iud. IV. 8 *erwähnt. Vergl. Robinsons Palästina*, Th. II. S. 472. —
2. *Der Theriak*, ἡ θηριακή. — 3. *So AB. In C fehlt der Name.* — 4.
Zur päpstlichen Curie. — 5. *So B. In A steht* obtenta, *in C permansit*
libera. *Über Segor, hebr. Zoar, vergl. Baumers Palästina S.* 239. — 6. *Ge-*

in mundo non sit comparatio, et est tribus muris cinctum. Infra
primum murum est altissima rupes et tres fontes de ipsa exeuntes
et cadentes et totam terram circa irrigantes. Infra secundum murum tantum crescit de frumento, quod omnes de castro de uno anno
ad alium se commode possunt sustentare. Infra tertium murum
similiter tantum crevit de vino; sed nunc vites sunt eradicatæ. Hæc
omnia, exceptis arboribus et herbis, totus mundus castro non potest auferre. Hoc castrum quondam fuit Christianorum, sed peccatis eorum exigentibus, id vilissime per propriam traditionem amiserunt. In hoc castro Soldanus nunc semper habet suum thesaurum
et filium suum successorem, et ad hoc castrum semper fugit tempore necessitatis. Sub hoc castro est villa nomine Sabab, in qua
degunt plus quam sex millia Christianorum, redemptorem terræ
sanctæ multum affectantes.

XLII. DE IORDANE FLUVIO.

De mari mortuo pervenitur ad Iordanem, qui est fluvius non
decem passuum latus; sed licet Iordanes parvus sit fluvius, tamen
profundissimus est et limosus, et secundum auram [1] aliquando
maior, aliquando minor, et aliquando ex aquis pluvialibus tam
magnus efficitur, quod portare posset naves onustas. Multum li-
mosum fundum habet, aquam dulcem et optimos pisces, et oritur
ab isto mari maledicto ad quatuor diætas versus septentrionem, ad
radices montis Libani, ex duobus fluminibus Ior et Dan, et transiens per mare Galilææ amborum fluminum nomen [2] sumit et Iordanes vocatur, sed ad radicem montis Carmeli exit torrens, qui
incidit in Ior. Prope mare mortuum ad duo miliaria parva, Iordanem ascendendo, est locus, quo Iesus a Ioanne fuit baptizatus; ipse
locus ad vada Iordanis vocatur. Ibidem Iosue et filii Israel sicco
pede transierunt. In hoc etiam loco ad præceptum Eliæ prophetæ
aqua Iordanis se divisit. In hoc etiam loco ab Elisæo pallio Eliæ
percutiente aqua est divisa [3]. Prope hunc locum, non longe a

gründet von König Balduin I im Jahre 1115. Siehe Raumers Palästina
S. 247. (Kerek es Schobek, im Gebirge von Edom). — 1. So AB. horam
C. — 2. So AB. In C ist Alles heillos verdorben. Von dem Jordan und
seinen drei Quellflüßen: Banias, Dan, Hasbeny, vergl. Raumers Palästina
S. 49. — 3. So lese ich diese Stelle nach A und B. In C steht sinnlos:
Heliseus pallio Helie aqua percutiens et se divisit.

littore Iordanis, pulchrum monasterium in honorem sancti Ioannis
Baptistæ est factum et a Græcis monachis inhabitatum, qui brachium sancti Ioannis asserunt se habere. Et propter aquas aliquando inundantes de littore modicum monasterium est translatum.
Ad ipsum locum ipso die epiphaniæ domini omnes Christiani, incolæ et peregrini etiam de longinquis partibus conveniunt, et ibidem evangelium: Cum natus esset Iesus in Bethlehem [1] etc. omnes
in latino legunt, aquam benedicunt et crucem baptizant, et omnes,
qui tunc habent infirmitates et languores, in aquam saltant, et quam
plurimi ab infirmitatibus suis aperte liberantur. In valle Iordanis
est acervus præputiorum, sedes circumcisionis, locus flentium [2]
et duodecim lapides [3], quos filii Israel in testimonium de fundo Iordanis tulerunt. De his lapidibus Ioannes Baptista prædicavit, dicens:
Potens est dominus, de lapidibus istis suscitare filios Abrahæ [4] etc.
Hæc vallis dicitur vallis Achor, quia ibidem Achor fuit lapidatus [5]
pro aureis regalibus subtractis. In hac etiam valle Elias per cur-
rum igneum raptus est in coelum. Non longe a loco, quo baptizatus est Iesus, ad duo parva miliaria Iordanes mare mortuum sive
maledictum intrat et ultra non apparet, et est quæstio in oriente,
cur aqua tam benedicta intret locum tam maledictum. Dicunt quidam propterea quod maledictio unius temperetur per benedictio-
nem alterius; alii dicunt, quod in introitu absorbeatur; quod
utrumque bene est credendum. Sed tamen mihi magis videtur,
quod a terra absorbeatur. Nam Iordanes aliquando ex aquis pluvialibus undique de montibus venientibus tam magnus efficitur,
quod impossibile esset, tantas aquas ipsum mare intrare posse, et
non in tantum inundare, quod omnia circum loca submergeret;
durat fluxus Iordanis ab ortu usque ad finem circa viginti quinque
miliaria huius patriæ. Supra fluxum Iordanis sunt plurima Græcorum et Schismaticorum monasteria et eremitoria gratiosa. Iuxta
eundem fluxum innumerabilia cernuntur animalia silvestria parva
et magna omni vespere se adaquantia, specialiter leones, vulpes,
capreoli, cervi et lepores, capri [6] silvestres et huiusmodi animalia,

---

1. Evang. Matth. Cap. II. — 2. *So AB. In C fehlt* acervus *bis* flentium. — 3. V Mos. 27, 2. Jos. IV. 3—20. *Hier* Jos. V. 3. *ist auch der*
collis præputiorum *zu suchen.* — 4. Evang. Matth. 3, 9. — 5. Jos. VII.
25. XV. 7. *Der Name Achan* עָכָן *lautet irrig in ABC* Achor. — 6.
apri *B.*

quæ iuxta homines incedunt, ut animalia domestica. In eodem loco temporibus meis trans ripam Iordanis leo assidue esse solebat, et homines transeuntes aspexit et cauda blandiens more canis et non fugit, nec de die'[1] alicui aliquid damni intulit. Tandem quidam sagittarius noster volens eum terrere et irritare, sagittam emisit. Leo se non movebat, sed ad sagittam adorabat, et cum ille denuo sagittam emitteret, leo se directe contra sagittam erexit, quasi ore et pedibus eam capere desideraret. Postmodum in hoc loco non est visus leo, sed quam plurima damna intulit hominibus et iumentis. De aliis animalibus silvestribus tot sunt in hoc loco, quod villani ipsa ut pecora ad forum ducunt. Non longe ab hoc loco est locus, qui ad tumulos Iordanis [2] vocatur, ubi filii Ruben et Gad et dimidia tribus Manasse, dum ad possessiones suas redirent, altare miræ magnitudinis construxerunt.

XLIII. DE RAMATHA, SILO, EMAUS, SICHAR, SAMARIA ET GALILÆA.

De Iordane in tribus diebus pervenitur in Galilæam, Iudæam et Samariam, et diversis visis dimittitur Ierusalem a sinistris et pervenitur in Ramatha civitatem quondam pulchram et adhuc competenter inhabitatam, in monte Ephraim sitam. In hac civitate nunc est Sarracenorum Cadi, id est episcopus, ubi quadam vice multos labores habuimus de Christianis ibidem captis per fatuitatem eorum, quousque eos liberavimus. Ex hac civitate Samuel propheta [3] fuit ortus et ibidem sepultus. Iuxta hanc etiam civitatem Habacuc propheta portans messoribus prandium raptus est ab angelo et ad Danielem prope Babyloniam ad lacum leonum deportatus. Non longe a Ramatha fuit civitas quondam pulchra, sed nunc deserta, Arimathia vocata, unde Ioseph, qui Christum sepelivit, fuit ortus. Prope hanc ad tria miliaria quondam civitas famosa fuit sita, sed nunc est parva villa, Silo vocata, quo fuit arca fœderis, et Hebræi ibidem ad orandum convenerunt. Non longe a Silo est Emaus, quondam civitas pulchra, sed nunc deserta, in qua Iesus post re-

---

1. aut nocte *fügt C hinzu.* — 2. Jos. XXII. 10: Cumque venissent ad tumulos Jordanis in terram Chanaan, ædificaverunt iuxta Jordanem altare infinitæ magnitudinis. — 3. *Ramathaim Zophim auf dem Gebirge Ephraim.* I Reg. 1, 1. 25, 1. 28, 3.

surrectionem suam discipulis apparuit. Hæc civitas nunc Nicopolis [1] vocatur. Prope Emaus a dextris quondam steterunt famosissimæ civitates, nunc desertæ, scilicet Gabaon et Aquilon [2], ubi Iosue contra quinque reges pugnavit et ad eius præceptum sol cursum prolongavit, quousque inimicos Israel superavit. Item non longe a Silo in provincia Samaria quondam stetit pulchra civitas in valle sita Sichar [3] dicta, nunc Neapolis vocata, et nunc est quasi deserta. In hac civitate capta fuit Dina filia Iacob, et a filiis suis vindicata [4]. Circa hanc viam quondam pulchra parva stabat ecclesia, nunc multum destructa, in qua est puteus Iacob, super quem Christus, in humana fragilitate ex itinere lassus sedens, aquam a Samaritana petiit se ad refocillandum, dicens ei: Quinque viros habuisti, ut narrat scriptura [5]. Iuxta hunc puteum Ieroboam rex Israel fecit vitulos aureos [6], quos filii Israel adoraverunt. Etiam iuxta hanc civitatem in campo David Goliam interfecit, et quam plurima alia loca in hoc itinere cernuntur, de quibus longum est enarrare. De Sichar proceditur et pervenitur in Samariam, quæ quondam erat caput totius provinciæ, de qua etiam tota terra Samaria vocata est, et fuit civitas quondam pulcherrima et famosa, regalis et multum magna, ut eius testatur ruina, et civitati Ierusalem in omnibus in situ simillima. In hac civitate quondam reges Israel habitabant. In hac civitate etiam sanctus Ioannes Baptista inter Elisæum et Abdiam prophetas fuit sepultus. Hæc civitas quæ olim Samaria vocabatur, postea Sebaste dicta est, et nunc Yblim vocatur, de qua cognatio maior Christianorum in ipsa terra de Yblin vocatur in præsentem diem, et primo fuerunt milites de Francia, et in recuperatione terræ sanctæ ipsis hæc civitas fuit in portionem suam devoluta. De Samaria prædictis visis proceditur per planitiem Galilææ, dimissis montanis. Galilæa est terræ promissionis provincia, planis, montibus, pascuis, herbis et aliis diversis bonis rebus multum nobilis et bona, et in eius vallibus uberrima est et gratiosa. In eius plano et declivo montium sunt hæ

---

1. *Ein Irrthum. Es war ein anderes Emmaus. S. Raumers Paläst. S. 169.* — 2. *So haben codd. und edd. Nach* Jos. X. 12. *ist indes kein Zweifel, daß* Aialon *zu lesen.* — 3. *Der Name Sichar, für Sichem, auch im N. Test. Ev.* Ioh. 4, 5. *Vergl. indes Raumers Paläst. 3. Ausg. S. 146.* — 4. I Mos. 34, 25. — 5. Evang. Ioh. 4, 18. — 6. III Reg. 12, 28.

civitates quæ sequuntur, scilicet Nayn, Capharnaum, Betsaida et Chana Galilææ. Sed omnes nunc sunt quasi desertæ et destructæ; etiam non videntur magni valoris fuisse. Quæ deus in ipsis in humanitate operatus est, in evangelio plenius continentur et propterea ea reiterare mihi non est cura. Prope Naym est mons Endor, sub cuius pede transit torrens Cyson. Etiam hæc terra Galilæa quam plurimis miraculis Christi est illustrata et glorificata. Circa fines Galilææ sunt montes Gelboe, qui sunt plani monticuli herbis, graminibus,. pascuis multum abundantes. In his Saul et Ionathas et filii Israel ceciderunt, de quibus ait David: Montes Gelboe, nec ros, nec pluvia veniat super vos [1]. Et dicunt quidam, quod ros vel pluvia non veniat super eos, quod falsum est, quia quam plurima pulcherrima ibidem cernuntur stetisse monasteria et ordinum Cisterciensium et Benedicti fuisse, testatur pictura eorumdem. In vicino montium Gelboe civitas Bethulia fuit sita, in qua fuit Iudith, quæ prope ibi caput Holoferni abscidit; sed civitas nunc est destructa. His itaque omnibus et singulis visis dimissa planitie Galilææ per quemdam montem transitur et pervenitur in Nazareth, quæ quondam fuit civitas famosa et adhuc est multum pulchra, in valle florida et gratiosa sita, montibus undique circumclusa, et non est murata, sed domus eius sunt hinc inde ab invicem dispersæ; sed est bene inhabitata. In hac civitate deus homo per Gabrielem beatæ Mariæ virgini annuntiari dignatus est. In hac civitate magna et pulchra ecclesia est facta, in qua prope chorum est capella multum pulchra in loco, quo deus homo nostri causa fieri est annuntiatus, quo etiam beata virgo deum et hominem concepit. In hac capella stat parva columna, contra quam stetit Gabriel, dum Christum annuntiavit et eius figura columnæ ut in sigillo est impressa, in præsentem diem. Retro ecclesiam est fons, de quo beata virgo Maria semper aquam haurire solebat et prope eum sæpissime allocutiones angelicas et consolationes recepit. Hunc fontem temporibus meis Sarraceni ob invidiam Christianorum et peregrinorum multum obstruxerunt; tamen numquam sibi fluxum auferre potuerunt. Hanc etiam ecclesiam sanctam et gloriosam Sarraceni multipliciter vituperant. Nam cadavera pecorum mortuorum, videlicet asinorum, camelorum, canum et boum in ea excoriant et proii-

---

1. II Reg. 1, 21.

ciunt, itaque præ fœtore eorum vix loca sacratissima possunt visitari. Degunt in Nazareth Sarraceni pessimi nequam et nobiles, qui vocantur Dehes [1], Soldanum quasi non curantes, et præ omnibus in introitu civitatis semper indigetur eorum conductu et securitate speciali. Prope Nazareth ad unum miliare est rupes in quodam monte, quæ saltus domini vocatur, de qua dum Iudæi Iesum volebant præcipitare, ipse transiens per medium illorum ibat, ut·loquitur scriptura et evangelium. Figura Iesu in lapide, per quem transivit, ut in cera molli, apparet in præsentem diem. De hoc loco proceditur et pervenitur in media die ad montem Thabor, qui est mons in plano pro se situs et multum altus seorsum, sed non est latus, et monti qui in diœcesi paderbornensi Dezenbergh [2] dicitur per omnia multum similis. In vertice huius montis Iesus Christus est transfiguratus et resplenduit facies eius sicut sol, coram Petro, Iohanne et Iacobo, et ibidem Moyses et Elias apparuerunt cum eo loquentes, ut evangelium testatur. In loco, quo transfiguratus est, quondam fuit nobile et regale monasterium constructum ordinis sancti Benedicti. Abbas eius bulla plumbea utebatur, ut papa, quarum plures bene vidi. Et est sciendum quod in partibus ultramarinis festum transfigurationis domini solemnissime celebratur, et occurrit [3] ipso die sanctorum Sixti Felicis [4] et Agapeti, et tunc cum novo vino celebratur, et omnes nobiles et cives tunc specialiter ad ecclesiam conveniunt et vexilla sua super ecclesias ponunt et per totam noctem vigilant et cum gaudio deducunt. Officium missæ est: Dominus dixit ad me filius etc. Dies· sanctificatus illuxit etc. Evangelium: Assumpsit Iesus Petrum et Iohannem etc. Verticem huius montis Sarraceni occupaverunt et monasterium. Nam muris et turribus fuit bene munitum. Nunc desuper totum est desertum et destructum; sed muri et turres pro maiori parte remanserunt. De hoc monte alia multa leguntur, de quibus testatur scriptura. Subtus montem Thabor est maximum et forte castrum Blansagarda vocatum, quod Christiani construxerunt [5], dum Sarraceni ita montem semper occupaverunt, a quo

1. *So AB.* Dehos *C.* — 2. Deseñberch *B.* Ysenberg *CF.* *Über·die herrliche Lage des Desenberg's, vergl. Fürstenberg,* Monum. Paderborn. *S.* 165 *ff.* — 3. *So AB.* concurrit *C.* — 4. Felicissimi *C.* — 5. *König Fulco gründete* 1138 *zu Tell es- Safieh, nicht weit von Askalon, das Schloß* Blanche-Garde, *auch* Alba specula *genannt, von* Saladin 1191 *zerstört, später wieder aufgebaut. Vergl. Robinsons Paläst.* II. 626.

ascensus montis defendebatur, et est in partibus illis maxima et nobilis Christianorum cognatio, qui de Blansagarda vocantur. Nam ipsorum illud fuit castrum; sed unde orti fuissent eorum parentes ante recuperationem terræ sanctæ penitus ignoratur, et sæpius super hoc ab eis sum interrogatus, si aliquis esset in partibus meis, qui se diceret habere in partibus illis cognatos, qui eorum arma in clipeis haberent. De monte Thabor proceditur in montem Hermon multum pulchrum et delectabilem et pervenitur in Galilææ spatiosos campos, in quibus Sisara et eius exercitus occubuerunt, et deinde pervenitur ad littora maris Galilææ, ad civitatem Synareth [1], quæ postea Tiberias est vocata, et nunc Tybaria vocatur, et est supra mare sita et non multum valet, nec multum valuisse videtur; tamen quondam habuit episcopum et nobilem dominum, cuius pro maiori parte erat mare Galilææ. Prope hanc civitatem sunt balnea calida naturalia, sicut hic Aquisgrani [2]. Multa alia loca et villæ supra mare Galilææ stetisse videntur, non magni valoris, in quibus discipuli Christi et alii piscatores et pauperes degerunt et adhuc degunt. Mare Galilææ seu Tiberiadis continet in gyro circa XX miliaria istius patriæ et habet in maxima quantitate dulces et optimos pisces et aquas dulcissimas. Hoc mare ab una parte intrat fluvius Ior, ab alia parte fluvius Dan [3] et per mare visibiliter transeunt et in unum exeunt et tunc Iordanes vocatur. Iuxta et super hoc mare deus in humanitate sua multa miracula operatus est. De hoc mari Iesus Petrum et Andream vocavit et apostolos fecit. Super hoc etiam mare Christus siccis pedibus ambulavit et Petrum incipientem mergi apprehendit. Super hoc mare Iesus in navicula dormiens, tempestate invalescente, ventum sedavit. Super hoc mare Iesus in nostra fragilitate cum discipulis sæpius navigavit et ipsum multis miraculis illustravit. Iuxta hoc mare Iesus post resurrectionem suam discipulis apparuit et ipsos piscari iussit, et retia ad iussum eius missa piscibus adimplevit. Iuxta hoc mare Iesus post resurrectionem suam favum mellis et assum piscis comedit. In hoc loco quondam pulchra stetit ecclesia,

---

1. Sinareth *B.* Cynaroth *C. Die Stadt* Cinnereth *im Stamme Naphthali gab ehmals dem See den· Namen.* IV Mos. 34, 11. *Daher noch im N. Test. der Name des Sees Genezareth.* Ev. Luc. 5, 1. — 2. *Hindeutung auf den Niederrhein.* — 3. *Irrthum, oder doch Verwechslung des galiläischen Meeres mit dem See Merom.*

quæ nunc est destructa. Prope hoc mare est mons; in pede eius
satiavit deus quinque milia hominum de quinque panibus et duobus
piscibus, ut evangelium testatur. In capite huius maris versus
aquilonem est altum et fortissimum castrum cum villa simul Iaphet
vocatum [1], quo temporibus meis Iudæus de partibus Westphaliæ
cum uxore sua habitabat. Non longe ab hoc castro erat quondam
pulchra civitas nomine Dan sita, sed nunc quasi deserta, et est
terræ promissionis alter terminus. Nam extendit se terra promissionis a Dan usque Bersabee, de aquilone versus austrum, et continet in longitudine circa XXIV miliaria, et in latitudine a finibus
Iericho in Ioppen de oriente in occidentem circa XI miliaria istius
patriæ, ut audivi a cursoribus Soldani et incolis valde fide dignis,
qui etiam ipsam terram describebant. Non longe a Dan versus
aquilonem est civitas quondam pulchra nomine Bolynas [2], nunc
Cæsarea Philippi vocata, in pede montis Libani et delectabiliter
situata, sed non bene inhabitata, prope quam Iesus interrogavit
discipulos suos dicens: Quem dicunt homines esse filium hominis?
ut evangelium [3] testatur. Non longe ab hac civitate est fons iuxta
quemdam montem, qui dividit Idumæam et Fenicem; idem fons
Sabat vulgariter vocatur, quia non in sabbatis fluit. Igitur his omnibus perlustratis transitur Iordanes in loco, quo primo a mari
Galilææ exit. In hac terra ultra Iordanem duæ tribus cum dimidia
possessionem receperunt. Etiam hic fluxus Iordanis dividit Galilæam et Idumæam, et multis villis et locis perlustratis, de quibus
non loquitur scriptura, nec in itinere visis aliquibus specialibus,
sic procedendo pervenitur, si placet, ad quamdam villam, in qua
Iob est sepultus. Iuxta eamdem villam sanctus Paulus fuit prostra-
tus et conversatus et distat a Damasco fere per unam diætam.

XLIV. DAMASCUS CIVITAS.

De hac villa proceditur et pervenitur in Damascum. Dama-
cus est civitas antiquissima, a Damasco servo Abrahæ fundata,
et in loco, quo Cain fratrem suum Abel interfecit, sita, et est ci-

---

1. *Wahrscheinlich Japhia, von Josephus befestigt, von Vespasian erobert.*
Jos. b. i. III. 7. *Vergl. Raumers Paläst. S.* 115. — 2. Bolmos *B.* Bel-
mas *C. Das alte Paneas, zur Zeit der Kreuzzüge Belinas; vergl. Raumers
Paläst. S.* 215. — 3. Matth. 16, 13.

vitas ultra modum nobilis, pulcherrima ac gloriosa et omnibus mercimoniis ditissima, et omnium locorum plus tamen artificiali, quam
naturali amœnitate delectabilissima, victualibus, speciebus, lapidibus pretiosis, serico, margaritis, pannis aureis, aromatibus de India,
Tartaria, Aegypto, Syria ac partibus cismarinis et omnibus rebus
pretiosis, quas humanum cor poterit excogitare, abundantissima,
pomariis et viridariis circumclusa, aquis, fluctibus, rivulis et fontibus, intus et extra, ad luxum hominis artificialiter undique irrigata,
inaudite et incredibiliter populosa, diversis artificibus et mechani-
cis artificiosissimis et nobilibus, et mercatoribus ditissimis inhabitata, et intus natatoriis et cantibus avium per totum annum et humanis solatiis, refocillationibus et delectationibus incredibiliter decorata. Unumquodque genus artificum residet pro se in platea speciali, et unusquisque artifex secundum opus suum et artem ante
domum suam de opere suo mechanico, prout artificialius, nobilius
et specialius præ alio poterit, ultra quam dici potest mirabiliter or-
nat et decorat. Similiter mercatores de mercimoniis suis ad idem
faciunt, et omnia opera mechanica ibidem mirabiliter, nobiliter et
artificiosissime fiunt. Sed multum care vendunt universa. Divites
vero cives ante domos suas omnia genera avium et avicularum can-
tantium, scilicet philomelarum, quiscularum, alaudarum, francoli-
norum et huiusmodi habent pendentia, et per totum annum æque
bene mirabiliter cantant, et melius in hiemis tempore, quam in æstatis ardore, et omnia alia genera avium scilicet corvorum, picarum,
upuparum, merularum et huiusmodi, quæ ad humanam loquelam in-
formari possunt, ut homines loquentes diversimode audiuntur. Et
licet civitas sit tam populosa, et omnia mercimonia relinquuntur
quasi absque custodia, tamen nullus est tam senex, qui aliquem
hominem ibidem fuisse interfectum umquam recordetur, nec aliqua
ex omnibus venalibus et mercimoniis nisi rarissime furantur, et ad
omnia, quæ venduntur, quæcumque sunt, semper sunt specialia
fora deputata. In foro, quo venduntur cibaria, tantus populus videtur quotidie, quantus umquam in uno loco visus est, et omnia
genera cibariorum, quæ cogitari possunt, ibidem delicatissime reperiuntur cocta, et ad illa diligentissima adhibetur custodia, et per
libras et pondera venduntur cuncta; item ibidem diversa et varia
venduntur panum genera. In Damasco est fortissimum castrum
Soldano pertinens, in quo rex Damasci habitat. Anno domini mil-

lesimo CCC XL primo in vigilia beati Georgii per regem Damasci
et vulgum persecutio et interfectio Christianorum, ut in istis partibus breviter Iudæorum [1], fuit exorta; sed non duravit persecutio,
nisi per mensem, et per dei gratiam per Soldanum bene fuit vindicata, ut postea audietis. In Damasco sunt quam plurimæ catholi-
corum et hæreticorum ecclesiæ et monasteria gratiosa, ex quibus
sibi Sarraceni pulchram ecclesiam assumpserunt in eorum ecclesiam, in qua corpus eximii doctoris et magnæ auctoritatis viri sancti
Iohannis Damasceni requiescit, et ante hanc ecclesiam maiestas dei
adhuc nobiliter mansit depicta. Etiam per Damascum fluvius ex
fluvio Pharphar artificialiter ducitur, et quam plurima artificiosissima
regit molendina. In circuitu Damasci sunt infinita pomaria et viridaria, per hiemem et æstatem gramina, herbas, fructus, rosas et
flores producentia, et cantibus omnis generis avium et avicularum
amœnissima, et plus in hiemis tempore, quam in æstatis fervore.
Hæc autem viridaria et pomaria circumeunt civitatem circa duo miliaria, et ex ipsorum fructibus recenter per totum annum universa
abundat terra, atque etiam regiones longe distantes, unde in oriente
est commune proverbium: Caput Syriæ Damascus, et Græci ob reverentiam et dilectionem semper primogenitos polidamas [2] appellant, id est civitas damascena. De aliis Damasci mirabilibus et
amœnitatibus longum esset enarrare. De Damasco proceditur minus quam una die ad montem, quem deus monstravit Abrahæ, ut
filium suum Isaac super eum immolaret. Hic mons Seyr [3] seu Sardenay vocatur. Et transitur primo per duo flumina Damasci Pharphar et Albana. In hoc monte petroso Seyr seu Sardenay pulchrum
monasterium in honorem sanctæ Mariæ est factum, super petram
in loco fortissimo constructum, ut castrum muris fortissimis undique
munitum, et a monachis græcis et monialibus inhabitatum. In hoc
monasterio in loco, quo Abraham voluit Isaac immolasse, pulchra est
ecclesia, in qua retro altare in muro in quodam arcu semicirculari
stat imago beatæ Mariæ in tabula lignea, quasi lactans filium, ab

---

1. *Die Judenverfolgung in Deutschland*, 1348 und 1349. — 2. *Abermals ein Beweis, daß Ludolf nicht Griechisch verstand.* — 3. *Seir, das Gebirge Edoms, jetzt Dschebal (im M. A. Sobal) gehört nicht in die Nähe von
Damaskus. Vergl. Raumers Palästina, S.* 240. „*Im Süden von Moab er-
streckte sich das Gebirge Seir, oder das Gebiet der Edomiter, bis nach Elath
am rothen Meer.*“ *Robinson, Paläst. Th. III. S.* 108.

umbilico sursum est depicta et cancellis ferreis præmunita; sed est
tam nigra præ vetustate et osculis effecta [1], quod vix imago fuisse
discerni potest, sed modicum rubei coloris adhuc cernitur in vestimentis depictis; tamen deus per hanc imaginem multas virtutes et gratias ac mirabilia operatur. Legitur, quod temporibus, quibus Christiani
terram sanctam possidebant, quædam vidua, volens servire deo,
in hoc monte eremitorium elegit et fecit, quod omnibus cupiebat
esse ignotum, ne propter diversa mundana negotia aliqualiter im-
pediretur. Sed quamdam matronam habuit sibi consciam, quæ interdum eam visitavit et sibi necessaria attulit et ministravit. Accidit quadam vice, quod illa matrona sibi conscia Ierusalem et alia
loca sancta visitare intendebat, et tunc vidua eremita ipsam humiliter et devote rogavit, ut sibi aliquam imaginem beatæ Mariæ in
tabula depictam deportaret, quoniam eam ex intimo et sincero corde
habere desideraret, quod et matrona facere promisit, et recepta a
vidua eremita licentia, ad sanctam Ierusalem perrexit et visitatis
omnibus locis sanctis tabulam ligneam cum imagine beatæ Mariæ
virginis comparavit et versus hunc montem Seyr seu Sardenay perrexit. Et cum venisset non longe a Iordane, invasit eam horribilis
leo, quæ nesciens fugere, tabula depicta cum manu, quasi scuto,
præ saltu leonis se protexit, et leo quam cito tetigit tabulam, cre-
puit medius, matrona per iter arreptum ad montem pergit, sed quæ
sibi acciderant eremitæ viduæ celat. Plurima alia sibi de locis sanctis narravit, et omnibus narratis, vidua matronam interrogavit, si
sibi tabulam cum imagine depicta detulisset. Matrona vero semper
illas easdem virtutes, ut prius, ipsam tabulam obtinere putavit, et
ipsam sibi portasse negavit, sed oblivioni se tradidisse dixit. Quod
audiens vidua multum contristabatur et doluit, et in irremediabiles
lacrimas prorupit. Tandem cum matrona per viam recedere volebat, omnes ianuæ eremitorii et capellulæ se clauserunt et matronam
firmiter incluserunt. Matrona videns, hoc esse nutu dei, mox viduæ
tabulam se habere, est confessa, et omnia, quæ sibi de leone et aliis
in itinere acciderant, per ordinem enarravit. Quod audiens vidua
deo multipliciter gratias egit, et cum gaudio, reverentia et devotione tabulam recepit, et in loco, quo nunc stat, collocavit. Et cum
lacrimis et precibus Christum pro tabula honoravit. Tandem hæc

---

1. So AB. In C fehlen diese drei Worte.

imago evidenter oleum sudavit, et in quadam concavitate ante tabulam facta confluxit et confluit in præsentem diem; sed pro mul-
titudine peregrinorum monachi cum alio oleo nunc augmentant et
peregrinis distribuunt. Sed nulli dubium, quin eadem imago oleum
sudet, et illud oleum infra annum mutetur in lac, et ipsum lac postea mutetur in sanguinem, quod sæpius oculis vidi. Sæpius in
diversis temporibus [1] vidi oleum sic immutatum, sæpius multum de
oleo habui mirifice mutato. Hoc etiam oleum in mari multum valet
contra tempestates; dum in aliquo vase retro navem penditur, statim sævissima cessat tempestas, quod sæpius bene vidi. In multis
patet, quod deus hunc locum seu montem, quem monstravit Abrahæ, ut super eum filium suum Isaac immolaret, multum diligat, quod
talia in honorem matris suæ Mariæ in imagine sua depicta mirabilia operatur, etiam in tot tribulationibus et infestationibus per di-
versos homines peractis in ipsa terra, et multoties ipsa terra sic diversimode a diversis hominibus perdita et recuperata. Tamen semper illius loci monachi et moniales illæsi permanserunt. Nam legitur et adhuc hominum exstat memoria, quod Haloon, qui Baldach
cepit, de quo prius mentionem feci, dum Aegyptum et totam Syriam
destruxisset et universam terram, monachi et moniales huius loci
metuentes etiam locum dimittere cogitabant. Tunc deus et beata
virgo Maria ipsis visibiliter apparuerunt et eos consolati sunt, quod
penitus non timerent nec locum derelinquerent. Nam cum illis
prope esse vellent, et omnes visibiliter in omnibus et per omnia
confortaverunt, et numquam postea ab aliquibus hominibus vel bestiis aliquid mali vel molesti perceperunt, sed temporibus meis semper in specialissima gratia et dilectione Soldani fuerunt, qui eis
multa bona faciebat et in omnibus, ut pater, eos defendebat. Subtus hunc montem Seyr est maxima et pulcherrima villa a Græcis
et Surianis inhabitata, bono vino et quam plurimis aliis bonis rebus
abundans, et ibidem tam de hieme quam de æstate, de uno anno
in alium botri et uvæ recentes in vite reperiuntur, etiam ad hoc
specialiter servantur et custodiuntur, et multa alia magnifica et
mirabilia deus in hoc monte, ex speciali dilectione et per illam
imaginem operari dignatus est, de quibus longum esset enarrare.

---

1. partibus *C.*

XLV. DE VALLE BOKAR, LIBANO ET BARUTH.

De monte Seyr multis in itinere visis, de quibus non est mentio facienda, proceditur et dimissis Armathia et Tripoli civitatibus a dextris, de quibus mentionem prius feci, pervenitur ad vallem nomine Bokar [1], quæ nunc etiam planities Noe vocatur. Nam Noe post diluvium ibidem habitavit. Hæc planities est pulcherrima et uberrima ac fertilissima, pratis, pascuis, arboribus, fontibus, pecoribus, piscibus, frumento multum abundans, inter montes inclusa et a Sarracenis agricolis inhabitata. His omnibus visis et transitis pervenitur ad montem Libani, de quo etiam plus mentionem feci, et ad montana nigra, quæ attingunt ad Antiochiam, super quæ crescunt ligna, de quibus arcus balistarum efficiuntur, quæ de ipsis montaqis ad longinquas partes et terras deportantur. Sub his montibus immensa Christianorum degit seu habitat multitudo ad ritum Latinorum et ecclesiæ romanæ se habentes, quorum episcopos multos ab archiepiscopis latinis vidi consecrari et passagium et recuperationem terræ sanctæ continue et specialiter affectantes. His omnibus et plurimis aliis mirabilibus villis, locis et casalibus visis, pervenitur in civitatem nomine Baruth maritimam, de qua prius mentionem feci, per quam peregrinorum communis est transitus, prope quam sanctus Georgius martyr gloriosus draconem interfecit, et ipsam civitatem et totam terram ad fidem Christi convertit. De Baruth homo, ad quascumque partes cismarinas voluerit, redire poterit, quod suæ committo voluntati.

Hæc sunt itinera terræ sanctæ bona, sed non publica, in quibus omnia loca et oratoria prædicta commode perlustrantur in statu et dispositione, prout erant sub annis domini, prout supra. Et scio quod ab aliquo vivente in aliquibus non possum reprobari, quia de his, quæ vidi et veraciter audivi, testimonium perhibeo. Et hæc ad deductionem [2] et reverentiam reverendissimi in Christo patris ac domini, domini Baldewini paderburnensis ecclesiæ episcopi dignissimi conscripsi, et nomine domini invocato incepi et complevi. Cui laus et gloria per infinita sæcula. Amen.

---

1. *So A.* Rokar *BC.* — 2. devotionem *C.*

INDEX CAPITUM.